南の島の東雲《しののめ》に

オリオンビール創業者　具志堅宗精

玉城　英彦　著

沖縄タイムス社

目次

第2章　青年時代――農学校中退から大阪へ

第3章　警察官時代——一途な挑戦

第4章　宮古知事時代——不惜身命《ふしゃくしんみょう》

第5章　企業家時代――オリオンビールの創設・発展

第6章　具志堅宗精に学ぶ――東雲《しののめ》を仰ぐ

エピローグ

具志堅宗精近影

プロローグ

名護の原風景

私は今帰仁村古宇利島《こうりじま》生まれです。1964年4月、当時の琉球政府立名護高等学校に入学し、名護市(当時名護町)ではじめて都会らしい生活を体験しました。そして1967年に高校を卒業するまでの丸3年間名護の生活をエンジョイしました。高校3年間テニスに没頭していたので、トレーニングのためにオリオンビール名護工場の近くの名護城《なんぐすく》の階段を部員とともに何度も駆け上がりました。私は体力には自信があったので、常にグループの先頭を走っていました。階段の上りはきついが、下りは左側に広がるオリオンビール名護工場を見下ろしながら、鼻歌を歌いながら楽々と駆け下りました。

思えば私が高校に入学したときには工場が建設されてから6年が経過していました。工場からのビールの甘い香りは街中に広がっていましたが、高校生の私にはそれが意味することはほとんど知りませんでした。

昨年(2017年)は『手洗いの疫学とゼンメルワイスの闘い』および『新渡戸稲造《にとべいなぞう》 日本初の国際連盟職員』を上梓していたので、近代の歴史にも関心をもっています。ハンガリー生まれの医師ゼンメルワイスはパラダイムシフト(一時代の支配的な物の見方や時代に共通の思考の枠組みなどが革新的もしくは劇的に変化すること)の狭間で苦しみ悶《もだ》えて悲劇的な死を迎えます。また私が勤務する北海道大学の前身札幌農学校の2期生新渡戸稲造については、さまざまなところで彼の話を聞いたり、彼に関する論文などを読む機会がありました。くしくも、新渡戸稲造は私が

15年以上滞在したスイス・ジュネーブで、日本人初の国際連盟職員としてほぼ7年間勤務していました。私は、彼が住んでいたジュネーブ近郊の旧邸の前をほぼ毎日のように車で通勤していたことを知ったのは北海道大学に勤めるようになってからでした。

また新渡戸のことを調べていくにつれて、一つの疑問が湧いてきました。彼が死去してからまた1世紀にもならないのに、彼に関する歴史は一人歩きしていることが。また、彼が生きた最後の10数年（1920〜33年）は、日本の軍国化が加速する時代でした。武力ではなく話し合いでこれからの紛争を解決するというすばらしい理想を挙げて1920年に創設された初の国際機関、国際連盟も第二次世界大戦を止めることはできませんでした。そして、その時代背景が現代のものに限りなく重なって見えます。現代は寛容さや多様性を失いナショナリズムと軍国化が急速に台頭してきています。

戦争は平和のときにしか止められません。また戦争を経験してからはもう遅いのです。そういう思いで『新渡戸稲造』の本を出版しました。

私は、名護高校を卒業してから東京、アメリカ、スイス、北海道などを放浪して、50年以上が経ちました。この間、帰省することはしばしばありましたが、生活者として沖縄に常住することはありませんでした。今では「ウチナーンチュ」より「ナイチャー」「ヤマトンチュ」と間違えられることが多いですが、心はいつも沖縄でした。よって、「ナイチャー」と間違えられると悲しい。「ふるさとは遠きにありて思ふもの　そして悲しくうたふもの」。室生犀星《むろうさいせい》の気持ちが良く分かります。

「ナイチャー」呼ばれしたときはいつも大声で「恋島（クイジマ、古宇利島）」の出だ！と叫びます。そこで境界線を越えたかのように、空気が一変します。

地方史を学ぶ——次世代に伝えるには

私の専門は社会医学の一分野、疫学《えきがく》です。つまり集団あるいは地域の中で病気（あるいは健康事象）がどのように分布し、その分布を決める要因を研究して、それを予防に役立てる学問です。私は決して歴史が専門ではありませんが、疫学の歴史を学ぶ過程において歴史全般にも興味を持つようになりました。歴史は未来の羅針盤《らしんばん》です。歴史を正しく学ぶことは未来をきちんと修《おさ》めることにつながります。

また歴史をつくるのは民衆の力だと思います。よって、地域の歴史をよく学び、民衆史を勉強して、身近な歴史を自分のものにすることによって、地元愛が育ち、地域の文化の発展を支えることになると固く信じています。歴史を否定的にだけ見てはいけませんが、歴史は一般的に勝者の物語であり、権力者によって歴史は書き換えられることもありますので、ある程度批判的な態度で臨《のぞ》むことが望まれます。この態度が「歴史に学ぶ」ではなく「歴史を学ぶ」ことにつながります。

さらに歴史はいつも動いていくものです。その中には驚くような、新しい可能性がいつも宿っています。「歴史問題に終止符を打つ」という表現を政治家はよく使いますが、歴史は多面性のある生き物であるので、歴史的事実に真摯《しんし》に向き合うことは必要だが殺してはならないのです。地方史を多面的に考察し、その地方における近代的・現代的意味を問うことは、その地域の文化の発展に寄与し、未来に向けた「持続可能な発展」への新しい視点が投入されることにつながるかもしれません。

日本の学校教育はいわゆる「世界史」「日本史」を教育しますが、自分たちが生まれ成長した足下《あしもと》の歴史的できごとについてはほとんど触れません。地域の歴史に触れ、それをひもとくことは自分を、故郷を、そして社会を知ることにつながります。それは時空を訪ねる黄金の教科書みたいなものではないでしょうか。

２０１７年5月、名護市を訪問したときに、メディアなどからオリオンビール㈱60周年のことを知りました。そして具志堅宗精《ぐしけんそうせい》がその創業者であることもそのときに初めて〝発見〟しました。実際、多感な高校時代を送った名護ですが、オリオンビールのことは知っていてもその創業者についてはまったく知りませんでした。それは一種の驚きであると同時に、自分の無知を悔やみました。そこで、彼が創設したオリオンビールについてもって知りたいと思うようになりました。またそれを世界史と日本史、沖縄史のコンテキスト（出来事に関する事情。背後関係）の中で理解したい。さらに地元の中学生や高校生、一般の人たちにも名護の地方史・民衆史を鮮やかに蘇《よみがえ》らせ手軽にアクセスできるようにするにはどうしたらよいだろうと考えるようになりました。

歴史に光と影があるように、オリオンビールの歴史にも光と影の部分があります。影の部分も事実にそって正しく伝えることが地方史そしてオリオンビールの進歩につながると信じています。光の部分の享受を急ぐあまり、影の部分を抹殺してはいけません。歴史はその影の部分で、幾多の生命と力、涙が流されてきているのだから。

「なにくそやるぞ」

宗精は１８９６（明治29）年、父宗切《そうせつ》母カメの二男として那覇市垣花《かきのはな》に生まれました。父を早く失くし、貧乏を余儀なくされた青年時代を沖縄で、そして大阪で送りました。その一方で、母の愛情をたっぷり受けてこの苦難を乗り越えています。

沖縄各地を転々として、人間の成長の過程でもっとも生産的な時代（24歳から50歳まで）を警察官として送り、人間力を養い、人間を見る目を育てた後、軍政府に宮古群島知事に任命されました。よって彼はこの知事時代を含め合計18年間、宮古島に4度赴任することになります。宮古ではどうしたら民衆の心をつかむかを学び、そしてその節の軍政府との交渉術を修得しました。ここで学んだことが、遅咲きの企業家の企業興《おこ》しに非常に役立ちました。

宗精が弟の宗発《そうはつ》と最初の会社「具志堅味噌醤油《みそしょうゆ》合名会社」を創設したのは、宮古群島政府知事退任後わずか2か月、１９５０（昭和25）年12月です。そして１９５７年5月にオリオンビール㈱の前身沖縄ビール㈱を立ち上げました。宗精は社長から会長と、１９７９年12月、83歳で死ぬまでその実質的な経営者でした。その間、12社の企業を興してすべて成功させています。その意味でも、沖縄財界史上まれに見るタフな企業家だったといえるでしょう。

宗精は自分の会社の発展だけではなく、沖縄産業全体の復興にも並々ならぬ力をつくしています。それは琉球工業連合会（現沖縄県工業連合会）や琉球商工会議所（現沖縄県商工会議所連合会）などへの積極的な肩入れに現れています。このような彼の突進を支えているものは、「なにくそやるぞ」の敢闘《かんとう》精神です。「なにくそやるぞ」は彼の自伝のタイトルにも使われた、いわば彼の生涯を貫いたモットーですが、これは単に負けるものかと、仕事に無我夢中で汗水流して頑張るということだけではありません。彼が戦後の厳しい時代を全力で駆け抜けたということは、「なにくそやるぞ」に加え、彼にはゆるぎない信念があったからこそです。戦争で一度死んだ身だ、残りの人生を他人のため、社会のために奉仕しようと！

本書を一読して具志堅宗精の信念ならびに精神にぜひ触れていただきたい。彼が60年前に発しているメッセージは、私たちの未来への道標として今でも大いに参考になります。そして、私たちは身近にこのような、すばらしい先輩を持ったことを誇りとしなければなりません。一方で、この貴重な地方史や民衆史を学校の通常のカリキュラムでも積極的に教えてもらいたいと私は思います。

宗精は太平洋戦争前・中の「大和世《ゆ》」から戦後の「アメリカ世《ゆ》」そして復帰後の再び「大和世《ゆ》」といういくつもの転換期を「なにくそやるぞ」の精神をもって、そして沖縄県民、特にその若者への深い共感と敬意を払って必死に生き抜き、来たるべき新時代に挑戦していきました。彼はどんなドン底状態に身をおいても希望を捨てませんでした。宗精が逝去《せいきょ》してからほぼ40年が経っていますが、彼の精神は今に生き、私たちにエールを送っています。私たちは実際〝今〟、具志堅宗精をより必要としているのではないでしょうか。

本著は具志堅宗精とオリオンビール㈱の歴史などを簡単に知ることができる安直なノウハウの本ではありません。私は拙著を読者の皆さんが、改めて耳を澄まして宗精の声を聞き入り彼の全体像をさらに掘り下げていく入門書としていただければ嬉《うれ》しく思います。

第1章

少年時代——ウーマクー

出生とその時代背景

具志堅宗精《ぐしけんそうせい》は1896（明治29）年8月22日、父宗切《そうせつ》と母カメの3人兄弟の次男として、現在の沖縄県那覇市垣花《かきのはな》に生まれました。後述するように長男宗演《そうえん》は商業学校、弟の宗発《そうはつ》は水産学校に進学しています。宗精は農学校ですから、宗切は三人三様、違う分野に進ませる目論見《もくろみ》でもあったのでしょうか。宗精自身、「今考えると、父には自分の子供たちを沖縄の経済界の各分野で活躍させたいというひそかな夢があったのかもしれない」と自伝（『続続　なにくそやるぞ』）で述べています。

宗切は刑務官でした。しかし、薄給のため家族を養うために商売や小作農業、つまり今でいう「多角経営」を行って家計をやりくりしていたそうです。その多角経営能力を引き継いだのが宗精だったのではないでしょうか。彼の才能については後でゆっくり語ることにします。

ところで1896年は、安倍晋三現首相の祖父岸信介《きしのぶすけ》（没年1987年、第56・57代内閣総理大臣）、童話作家宮沢賢治《みやざわけんじ》（没年1933年）、初代の国際連合事務局長トリグブ・ハルブダン・リー（Trygve Halvdan Lie、没年1968年、ノルウェー・オスロ出身）が生まれた年です。

また国内では日清戦争（1894年7月〜95年3月）終結の翌年であり、国全体が戦争で疲弊していました。さらに6月15日午後7時32分30秒、マグニチュード8・2〜8・5の明治三陸地震で大津波が発生し、青森県や岩手県、宮城県を中心とする三陸地方で2万人以上の死者・行方不明者が出ました。

世界へ目を向けると、最初の夏季オリンピックがギリシャ・アテネで開催されています。また、イギリスやイタリアなどのヨーロッパの大国がアフリカ諸国を植民地化するはしりのときです。第1次エチオピア戦争（エチオピア帝国とイタリア王国の戦争、１８９５～96年）、およびイギリス・ザンジバル戦争（１８９６年8月27日にイギリスとザンジバル保護国の間で発生した軍事衝突：その衝突は45分以内で終了し、史上最短の戦争として記録されています）などはその一例で、これを契機にヨーロッパの国々がアフリカを植民地化していきます。これらのアフリカでの戦争や軍事衝突は、20世紀に続く世界史に対して、大きな影響を与えます。

「琉球処分」の影

沖縄では例年にない大型台風が6月2日に襲来し、３５７戸の家が倒壊、死者・行方不明者１１１人という甚大《じんだい》な被害が出たのも１８９６年です。「税金の滞納が大きな社会問題となり、税務署が那覇に初めて設置された年でもある」と宗精は述べています。

さらにこの年は、「琉球処分」（沖縄県設置）から17年目にあたります。「琉球処分」とは、明治政府の下でなされた琉球王国に対する「強行的」な政治過程です。明治政府は１８７２（明治5）年に琉球王国を廃して琉球藩とし、清国との冊封関係（さくほう、あるいはさっぽうかんけい：ここでは琉球王国が清国に貢物を送ることによって清国と貿易を行う権利と琉球の王を清国に認めてもらうこと）を絶ち、藩王（国王）を上京させるよう再三迫りました。琉球王国はこれを拒否し旧態保持を繰り返し懇願《こんがん》しましたが１８７９年春、武力を背景に首里城明け渡しを求められます。ついに3月31日に琉球国王尚泰《しょうたい》はこの威圧に屈して首里城を明け渡し、東京に移住させられました。ここに琉球王国は約４５０年にわたる歴史を閉じて、日本の近代的な版図《はんと》の中に組み込まれました。この「琉球処分」をめぐって日・清間で確執が生じ、明治政府は１８８０年10月宮古・八重山を清国に分割する代わりに、中国内で欧米並みの通商権を得ようと日清修好条規を改訂する案を提示しました。詳細は別のところで学ぶとして、ここでは明治政府が一時期、琉球領内のうち宮古・八重山を清国に割譲《かつじょう》することを提案していた事実のみを記します。

タウチーのように

宗精少年は沖縄県那覇市垣花町において健康な少年としてすくすく育っていました。垣花町は、那覇空港を始発とする「ゆいレール」（モノレール）の2番目の駅赤嶺、続いて小禄、奥武山公園、壺川、旭橋の外側、そして沖縄一大きい国道58号線の内側にある市街地です。また国道58号線の横を国場川が流れています。那覇埠頭《ふとう》はもう目の前です。奇跡の1マイルともいわれる「国際通り」まで徒歩でも行ける便利なところです。首里が山の手とすれば、垣花は下町でしょう。

彼の少年時代（10〜15歳）といえば明治後半（39〜44年）です。ラジオもテレビもない時代。遊びといえば、力較《くら》べ、肝試しぐらいしかありませんでした。彼はけんかもよくやっていたようです。しかし、けんかとはいえ、一応ルールのある争いでした。

その典型的なけんか遊びが、琉球語でいう「ウービフェーティー」あるいは「チチハナシェー」というものでした。「ガキ大将を審判役にしたルールのある子どもたちのケンカのことです。二人の兄貴分が帯の両端をピーンと伸ばしてもち、ケンカを始める二人は互いに左手で帯を握り向き合い闘います。勝負は合図の前に相手に手を出したり、鼻血を出した者が負けとなる今では考えられない過激な遊びです」（勝連盛豊編『おきなわ　あそびの図鑑①』、沖縄出版、1996年）。「まるでタウチーのケンカである」と宗精は書いています。

タウチーとはシャモ（軍鶏）のことで、ニワトリの一種、江戸時代にタイ（昔のシャム王国）から輸入され、現在のような日本の独特のニワトリに品種改良されています。その鳴き声は美しく高く、そして赤い勇敢な目と頭を持つ雄姿はニワトリの中のニワトリ、まさにニワトリのキングです。

また鋭い脚の爪を使ってのシャモのけんか（闘鶏《とうけい》）は迫力があります。顔や頭から血を吹き出しながらも戦い続ける姿および姿勢に観客は魅了されます。沖縄では、今でも「タウチーのけんか」があちらこちらで行われています。おそらく「タウチー」の呼び方は中国語の「闘鶏」（dòu jī）から来ているものと思われます。

宗精が少年の頃、美しいタウチーのような雄姿であったかどうか確かではありませんが、鋭い爪ではなく俊敏さを武器に相手を撃墜《げきつい》していました。それで先輩たちを魅了したそうです。相手を打ち負かし、自分が勝つということには少しばかりのルール違反も厭《いと》わない。これはまさに人と人との決闘、「闘人」同士の凄《すさ》まじい戦いのありさまでした。小さいながらも自分より大きい強者に躍りかかっていく宗精の闘志は仲間に買われたそうです。

またけんか後のタウチーのように、勝敗にかかわらず、顔面の傷や顔の腫《は》れがその闘いの軌跡を現していました。しばらくは食事もあまり喉《のど》を通りませんでした。

宗精は決して強い腕力のある少年ではありませんでしたが、どんな強い者に挑んでも決して「負ける」ことはしませんでした。彼は本当に負けず嫌いの少年でした！

宗精はウーマクー

また宗精は少年仲間とともに、こんないたずらもしていました。上で述べた彼の実家の垣花は商業通路の重要な交差点です。当時、野菜、魚の行商を担《にな》っているのはほとんどが若い女性（アングヮー）で、商品を頭の上の籠《かご》に乗せて運搬していました。男性は通常二つの荷籠《にかご》を一本の棒で肩にかけて運ぶ、つまり天秤棒《てんびんぼう》を担《かつ》いで行商していました。私も少年のころ故郷の島で、この天秤棒ならず天秤樽《たる》で島の東の海岸近くの公共井戸から家へ水を毎日のように運んでいました。

小禄や糸満方面からの関所が、国場川に架かる今の明治橋です。小禄からの野菜も糸満からの魚もこの関所を通過しなければ那覇に行けませんでした。そこで、ウーマクー（わんぱく）の子供たちの遊びの対象になっていたのが、このアングヮーたちの頭の上の商品でした。明治橋の欄《らん》干《かん》の上に待ち受けて、頭上の籠の中の商品を失敬して得意がっていました。「見つかってアングワーに追いかけられると、欄干から海に飛び込んで『ここまでおいで』とひやかしたものである」と宗精は書いています。

私にも同じような経験があります。古宇利島《こうりじま》のスイカはいとも有名です。ここでは少し年配の女性が商《あきな》いとして島のスイカを買いに来ていました。スイカは畑から馬車で桟橋《さんばし》まで運ばれ、そこから手渡しで小舟に積まれました。

そのとき、手助け人が数人必要です。商いさんはいつも一人ですので、たいてい海で遊んでいる子供たちに救援を求めました。

馬車の上からスイカを投げる者、それを馬車の横で受ける者、さらに商いのおばさんに投げる者、舟の中でそれを受け取る者、という具合です。つまりスイカのリレーです。

通常、商いさんはスイカの積み下ろしが完了したときに、スイカを真っ二つに割って子供たちに威勢よく振る舞ったものです。そのような振舞いをする商いさんのためにはスイカのパスを一度も失敗することはありませんでした。しかし中には、子供たちをタダ働きさせるだけのケチな商いさんもいました。もちろん私たちは、一番ケチな商いさんが誰であるかをよく知っていました。

そこで、そのケチな商いさんの場合は、その商いさんが必ずスイカをつかみそこねて落とすように連携プレーしていました。玉遊びは私たち子供たちがずっとうまい。時期を見計らってパスのスピードを上げると、彼女はそれについていけず必ず失敗してスイカの玉を落とします。

「作戦成功！」。

落ちたスイカは通常（計画的に）その中でも一番大きいサイズのもっとも高価なものでした。彼女は顔色を変えて激怒しますが、もう後の祭り。「覆水盆《ふくすいぼん》に返らず」。カマを振り上げられたら、海に飛び込めばよいのです。そして海中から顔を出して、「ここまでおいで！」。

商いさんが立ち去った後、子供たちはわれ先にと桟橋に登り、競争して割れた甘いスイカにありついたものです。あたかもゴルフ場の賢いカラスのように。

でもこんなことがあっても、その商いさんは次回にはまた子供たちにヘルプを求めてきました。どちらがタヌキかカラスか知りませんが、お互いに共存し合っていたようです。のどかな昔（約60年前）の話です。

いたずらが度を過ぎて！

宗精のやんちゃ心はゲーム感覚ですから、次から次へとエスカレートしていきました。また競争相手がおれば、なおさらのことです。一番やんちゃなことをすることによって、自分の存在が認められるので、やんちゃ心にもう天井はありません。

彼は先ほどの明治橋において、通りすがりの娘のカンプー（かんざし）を釣り針で釣り上げようと、釣り針を投げたところ運悪く彼女の耳たぶにささって大けがをさせたこともあるそうです。彼女にしてみれば「運悪い」どころではすまされません。宗精が父にどなられ、蒼《あお》いアザができるぐらいに両股《また》がつねられるのと比較にならないほど、彼女はショックと痛みをこらえたことでしょう。

私の古宇利島の実家のすぐ前は海です。子供の頃、ときどき釣り棹《ざお》をたらしました。針以外はすべて自家製の釣り具を揃《そろ》えていました。釣り竿は近くの竹やぶの乾燥した竹、餌《えさ》は自分たちが別の方法で取った海の魚や陸のヤドカリでした。あるとき、釣り糸に餌をつけて沖に投げようとして、釣り棹を体の遥か後ろに振り回していたら、帰ってきた釣り糸が自分の耳たぶを引っかけて本当に死ぬ思いをしました。

宗精の自伝を読んでいて、その痛みをこらえた痛い思い出が昨日のように蘇《よみがえ》ってきました。だから、ここでは彼の度の過ぎたいたずらを非難し、彼女の痛みに同情します。

宗精は私より52年先に生まれていますが、彼は沖縄で一番の大都会那覇、そして私はもっとも田舎の離島で少年時代を送っていますので、二人が生活した環境において約50年の違いは感じられません。もしかしたら、私の少年時代の方がまだ原始的だったかもしれないと思うと、私は彼になおさら親近感を覚えます。

母の思い出

わんぱく少年、宗精を一番心配し可愛がっていたのが母のカメでした。兄はおとなしく、けんかなどあまり好みませんでした。弟はよく勉強のできる子で、ちょっとやんちゃという程度でした。３兄弟の中で、わんぱくで勉強嫌い、そして上記のようにいろいろなトラブルを家に持ち込んでくるのは宗精だけでした。その度に父は彼の根性を直すつもりで、激しく怒りうんと折檻《せっかん》し股《また》をつねりました。

そんな宗精を労《いたわ》り、愛情を一心に捧げてくれたのが母でした。親はできの悪い子ほどかわいいものです。彼女は無学でしたが、クリスチャンで信仰心が強かったそうです。当時、沖縄ではクリスチャンの数はかなり限られ、マイノリティーではなかったでしょうか。

彼女は、「人間はみなそれぞれのクェーブー（果報）をもって生まれてきている。宗精には宗精だけが持つクェーブーがあるから、そんなに折檻しないでもいいでしょう」と夫をなだめていたそうです。

宗精は母についてさらに続けます。「決して甘やかしはしなかったが、子供の個性をまげるようなことはしなかった。その点、私は母の広く温かい愛情には今でも感謝している」「深い慈愛で私を育ててくれた母の愛情が、私の今日を築く一つの土台になったと私は感謝している」。彼は、それに感謝し敬慕《けいぼ》の情をこめて、彼女の胸像を作りました。それに接する度に心を引き締めていたそうです。

母親の懐は本当に深く広く温かい。これはまさに幼い頃の揺りかごであり、成長するための大地です。そしていつかそこから旅立っていきます、世界を理解し、力を手に入れるために。彼女に対する宗精の畏敬《いけい》の念および感謝の気持ちはまことに純粋です。そこには彼女への信頼と情愛

赤マルソウ本社内にある母・カメの胸像（著者撮影）

がにじみ出ています。

彼は書いています。「とにかく私の個性をよく見抜いて、いたずらをしても、あまりガミガミしからなかった。私の今日を築いてくれたのは、もちろん私の周囲の人たちが尽くしてくださったことや、運の強さにもよるが、私の性格に深い理解をもって育ててくれた母の愛情が、一つの土台となっていると信じている」。

宗精少年は、母の慈愛と愛情を受けて健やかに成長していました。「りっぱな母だった」と彼は書いています。この感謝の気持ちを母に心底から捧げることができる宗精はもちろん、捧げられる母もまた果報者です。そこには息子と母の永遠の強い絆があります。

武勇伝「久松五勇士」

宗精が8歳のとき（1904年）に日露戦争が始まりました。彼は戦争が起こっているかどうかに関係なく、遊び仲間たちと那覇の街を闊歩《かっぽ》していました。仲間の数が増えれば増えるほど、やんちゃする数も増えエスカレートしていきます。彼は常にそのまとめ役として仲間たちの中心に座していました。

日露戦争と沖縄の関連でいえば、何といっても「久松五勇士《ひさまつごゆうし》」の話が有名です。宮古の漁師5人が、日本海海戦に先立ち、バルチック艦隊の通過を宮古島から石垣島に通報したという武勇伝です。１９０５（明治38）年5月23日、奥濱牛《おくはまうし》（当時29歳）という島尻郡《しまじりぐん》粟国島《あぐにじま》出身の漁師が宮古島付近を北上しているバルチック艦隊に遭遇し、それから3日後の26日に現在の宮古島の平良港に着き、役所に通報したのが始まりです。宮古島には通信施設がありませんでしたので、島の選ばれた5人の漁師が木造船（サバニ）を１３０キロほどの距離を15時間必死に漕《こ》ぎ、さらに30キロの山道を急ぎ、27日の午前4時ごろ、八重山郵便局に飛び込んで、その情報が沖縄県庁経由で東京の大本営伝えられていました。5人の漁師の勇敢な行動を讃えてモニュメントが建てられ、郷土の英雄として現在に語り続けられています。このようなヒーローを生んだ宮古島は、具志堅宗精とは切っても切れぬ関係にあります。具志堅宗精物語の最初の助走として、ここに宮古島という名前を読者は記憶しておいて欲しいと思います。

日本海海戦（１９０５年5月27～28日）で日本海軍の連合艦隊は、バルチック艦隊を撃滅し、自身の損失は軽微という海戦史上稀《まれ》な一方的勝利となりました。

ロシアでは戦争の最中、ペテルブルクの王宮に労働条件の改善や戦争中止などを請願した労働者・民衆に対し、軍隊が発砲したことから起こった「血の日曜日」事件（１９０５年1月）をきっかけに、ロシアでは革命（ロシア第一革命）が勃発しました。また日露戦争も開戦当初こそ国民に広く支持されていたものの、戦争の目的も不明確なものだとして、さらに敗戦続きで厭戦《えんせん》気分が高まっていました。

一方、日本でも戦争を続けるだけの体力はもうほとんど残っていませんでした。日本海海戦の勝利とロシアの国内事情などに助けられ、ポーツマス講和を結び戦争を終結させ、日本は国の難局を何とか乗り越えることができました。

それからしばらくして1910（明治43）年8月29日、大日本帝国が大韓帝国を併合します（韓国併合）。また中国では、1911年から12年にかけて、辛亥《しんがい》革命が起こり、その結果アジアにおいて初の共和制国家である中華民国が誕生します。

宗精はこんな時期に尋常《じんじょう》・高等小学校の生徒でしたが、その時代の彼のデータはほとんど見つかりません。彼の伝記によると、自慢げにただわんぱくで、勝ち組に属していたということしか記載がありません。背の低い彼がけんかでいつも勝っていたとは信じがたいところもありますが、自伝だということでここでは大目に見てあげましょう。

しかしながら、先輩や大きな子供たちにいじめられ、泣きべそをかいて帰宅し、母に涙や泥などを拭《ふ》いてもらったこともあったのではと私は想像しています。自分の弱みにもちょっとだけ触れた方が宗精の少年時代の人生に彩りを添えるのではないかと個人的には思わないでもありません。

伝染病

亜熱帯の沖縄は熱帯病の宝庫です。県民は長い間、コレラや天然痘《てんねんとう》、フィラリア症、デング熱など伝染病の流行に悩まされてきました。

宗精が6歳のとき（1902年）、沖縄は全島的に飢饉《ききん》に見舞われ、さらに水系《すいけい》伝染病であるコレラが流行しています。コレラは細菌のコレラ菌で汚染された水を飲むことで感染し、激しい下痢《げり》を伴《ともな》い脱水を起こす、死に至ることもある伝染病です。ことさら子供たちは危険です。

宗精が生まれた年、沖縄は天然痘《てんねんとう》が猖獗《しょうけつ》をきわめていました。天然痘（痘瘡《とうそう》）は人間が人工的に地球上から撲滅《ぼくめつ》できた唯一の伝染病で、現在でこそありませんが、昔は感染すると死亡する危険も他の伝染病よりも高い、もっとも危険な病気の一つでした。

沖縄地方、特に宮古・八重山地方は第二次世界大戦後以降もフィラリア症の浸淫《しんいん》（次第に進行すること）地《ち》であったことがよく知られています。戦後も防圧の予算が確保できずそのままになっていたのです。1964年に特効薬スパトニンの投与により開始された軍政府による対策プログラムは、14年間後の1978年には沖縄県全体で保虫率が0となり、フィラリア症の撲滅《ぼくめつ》に成功しました。

私が少年のころの古宇利島でも「バンクロフト糸状虫《しじょうちゅう》」という寄生虫によるフィラリア症の後遺症、陰嚢水腫《いんのうすいしゅ》（陰嚢に水が溜まってしまうこと）やむくみ、象皮病《ぞうひびょう》（感染した人の足が象の足のように大きく腫れる）に苦しんでいる人を見かけることがありました。

宗精が8歳のときには、大干ばつもありましたが、ウイルスで感染するデング熱がはやっていました。デング熱は、蚊の吸血活動を通じて、ウイルスが人から人へ移り感染し、一過性的の高熱を特徴とします。

このような環境を生き延びた宗精は、自分でもいっていますが、運の強い男でした。彼は10代後半に原因不明の病気に犯され、余命長くないと覚悟して、行商したことは後述します。

こんな中で、宗精は父母の愛情をたっぷりもらって、わんぱくだったという以外に特に自慢できるものもないまま、少年時代を送っています。しかし、その後に訪れる彼の運命は彼自身が予想できるものでもなく、また当然ですが、制御可能なものでもありませんでした。

「人生は目標に向かって万進せよ」とよくいわれますが、最初から目標が設定できる人はほんの一握りの人間ではないでしょうか。多くの場合は、今を生きるために必死で働いた結果がたまたま何かをつかむきっかけにつながるのです。

長い山道のような上り坂を自転車で上る場合にも同じことがいえます。遠い先の頂に向かって必死にペダルを踏むのではなく、目の前の坂を一つひとつクリアしていたら、いつの間にか頂に到着していた！　人生もそんな行程ではないでしょうか。

宗精のその後の人生にもこれに似たような、現場主義、即断、前進、努力、あきらめないなどのキーワードが浮かんできます。次章では、厳しい環境の中での宗精の涙ぐましいがんばりを一緒に共有しましょう。

第2章

青年時代

——農学校中退から大阪へ

島尻農学校入学と中退

具志堅宗精《ぐしけんそうせい》は1911（明治44）年、15歳のときに島尻《しまじり》農学校に入学し、卒業したら農業を営んでいる父の跡継ぎとして一家を支えてやろうと意気込んでいました。兄は商業の学校に行っていたので、農業の継ぐのは自分であるとの自負がありました。よって、3年間、農業の勉強を一生懸命頑張ろうと希望に溢《あふ》れていました。

ところで宗精が農学校に入学した年に、那覇—首里間に沖縄で初めて電話が開通し、南国にも文明開化の香りがやっと漂い始めました。さらに1914年には、那覇—与那原間に沖縄県営鉄道（軽便《けいびん》鉄道）、首里—通堂《とんどう》間に市電が開通します。同年には鹿児島市の百貨店山形屋の分店が那覇に開店しました。これらは沖縄の近代化を象徴するような大きなできごとといってよいでしょう。

そのような時期に、宗精の父が急病で亡くなりました。元号が大正に変わった1912年の12月のことで、宗精は16歳、農学校の2年生でした。宗精より7歳下の弟、宗発《そうはつ》（のちの㈱赤マルソウ社長）によると、宗精は自分から進んで農学校を中退したそうです。その背景には彼の兄弟愛がにじみ出ており物悲しいです。

働き手を失った具志堅家は途方にくれました。そのとき、上の兄宗演《そうえん》は商業学校の3年生でした。父の死後、具志堅家の家計が苦しくなり、兄の宗演は学校をやめようとしたそうです。兄は卒業まで残すところ後3か月でしたので、宗精は兄の卒業を優先させることにしました。そこで、自分が農学校を辞め、兄貴は商業学校をちゃんと卒業することが賢明であると提案しました。

兄はその提案をなかなか受け付けませんでした。それは当然のことのように思われます。長男が一家を支えるというのがその頃の確固たる習慣でした。しかし宗精の固い意志と説得によって、兄にやっとのことで納得してもらって、宗精は農学校を2年のときに中途退学しました。宗精の中退によって、兄宗演は商業学校を卒業することができました。

それからが、宗精のいばらの道の始まりでした。弟の宗発によると、彼はその後、農業や製糖工場の職工などに就いて生活を繋《つな》いでいました。その詳細は後述します。しかし、『自伝　なにくそやるぞ』には、次のような書き出しがあります。「私は、当時、高級野菜をつくっていた。サヤ豆、百合根、キウリ、サヤインゲンなどをつくり、それをかついで高級料亭風月楼や那覇港に停泊中の船にも売り歩いていた」。

この経験が、後年のオリオンビールの販売戦略に活かされたのではないかと私は空想します。

野菜売りの後に

一方で、世界は第一次世界大戦（1914～18年）の前夜で、好景気が続いていました。日本から遠いヨーロッパの戦争でしたが、日本も大変な好景気だったそうです。沖縄でも特産の砂糖が高騰《こうとう》して、好景気が続いていました。いわゆる「サーター（砂糖）景気」といわれるものです。

このサーター景気で、「あっちこっちに俄大尽《にわかだいじん》が出て、わが世の春を謳歌《おうか》していた」と宗精は述べています。つまり、急にお金持ち（成金《なりきん》）になって、遊里《ゆうり》などで金を水のように使って豪遊し、わが世の春を満喫《まんきつ》していた人が多かったそうです。満月の期間が短いように、天下の栄光も人生の絶好機の時間も短いものです。特に成金のわが世の春も長くは続きません。

宗精の野菜売りも最初の頃は好調でした。しかし、第一世界大戦のために、主要生産部である百合根《ゆりね》（ユリの球根）が欧米に輸出ができなくなり、収入が激減し農業では食べていけなくなるほど貧窮《ひんきゅう》しました。地球の片隅で、少年がいくら頑張っても世界の経済を変えることはできません。大きな世界のうねりの中に埋没《まいぼつ》しないように、そして何とか生き残れるように、毎日の生活に宗精は追われていました。父亡き後の苦しい家計を助けるために、彼は本当に死に物狂いで働いたそうです。

好景気に一度魅《み》せられた少年は、苦しい生活の中でも、夢を追い続けます。大志を抱き、野望に燃えました。沖縄の現状の中で一生懸命働くだけではどうにもならないという思いと同時に、大戦景気を経験した多感な青年の野望を抑えることができませんでした。今のままじゃだめだ。いつまでも野菜づくりでもあるまい！　もっと成功したいという野心は募るばかりでした。

宗精はわんぱくでしたが、とても多感な少年でした。それに負けず嫌いです。幸運にも恵まれていましたが、非常に挑戦的で一つ決めたら貫徹するという強い精神力がありました。そこで、野菜が売れなくなったからといって、意気消沈し表舞台から退場する彼ではありませんでした。ある面、オプティミスティック（楽観的）な青年であったからこそ、その後の苦難をものともせず乗り越えられたのだと思います。

宗精の「なにくそ」精神（私は「never give-up、決して諦めるな」といっています）は生まれつきのものであったかもしれませんが、それも彼の日頃の努力と鍛錬によってさらに助長されたものです。それはその場限りのものではなく、継続したものの延長上に花咲くといった表現が適切なのかもしれません。

宗精も述べています。「人間は生きている間に、いろいろなことが起こるが、その一つ一つがどこかで結ばれてくる」と。「チャンスは準備されたものに微笑む」というルイ・パスツール（Louis Pasteur、フランスの微生物学者、１８２２〜95年）の言葉も思い浮かびます。

パナマ帽の製造会社へ

農業だけでは食っていけないし、家族を支えることもできなくなった宗精は、そのとき沖縄では、砂糖につぐ輸出産業であったパナマ帽製造業を営んでいる小さな制帽会社に転職しました。

パナマ帽とは、パナマ草の葉（ヤシの葉に似ています。エクアドルやペルーなどの南米諸国の原産）を細く裂いた紐《ひも》で編んで作った夏用の帽子です。とても華奢《きゃしゃ》な素敵な帽子で、日本では戦前、カンカン帽と同様、紳士用の正装として愛用されていました。パナマ帽は約３００年前からエクアドルで用いられていたそうです。

彼が生まれた頃に、イギリスが中南米に進出しています。帽子好きのイギリス人らがパナマ帽をヨーロッパに広めたのではないでしょうか。英国紳士にとって昔も現在も帽子は必需品なのです。

日本でもその当時、この種の帽子が大流行し、男子の外出には欠かせないものになりました。パナマ帽そのものは結構高価で貴重品でしたので、他の素材の類似品が多く出回るようになりました。このような時期ですから、アダンの葉で編んだ沖縄産のパナマ帽もてはやされたのでしょう。

農業を諦めて入社した、小さな制帽会社の給与は「たしか二食付きで7、8円」と宗精は回想しています。1914（大正3）年頃の1円は現在の金に換金しますと約1000円です。「その初月給で、遊廓《ゆうかく》に初めて足を踏み入れた」（50頁参照）といいます。

しかしながら、身分不相応なことはしていません。農学校を中退してから2年が経過し、18歳になっていました。今でいうと高校3年生です。そして一家の稼ぎ頭です。彼は遊びたい気持ちを抑えて、家族のために一心不乱で働いていました。

制帽会社での宗精の仕事は、「地方に住む内職の帽子編み工に、原料の配達、そして製品集荷とその際に製品の出来具合によって等級をきめ、加工費を支払うことだった」と述べています。いま流にいうと、原料の配達から製品管理・評価、会計までの一連の業務を新米の者が担当していたことになります。就職したばかりの18歳の青年にこれだけ重要な業務を任される宗精には、それなりの実力と信頼が備わっていたのでしょう。

しかし、仕事は過酷でした。原料の運搬には自転車が躍動していました。道が十分に舗装《ほそう》されていないところは、自転車ともども原料を肩に担いで渡ることもありました。移動範囲は、南は糸満から北は石川まで、一日80キロメートルに及ぶこともあったそうです。

不治の病――結核？

一方で、宗精はこの働きすぎがアダになったのか、その頃すっかり健康を損ねていました。全身の倦怠感《けんたいかん》と食欲不振、微熱が長期間にわたって続いています。さらに吐血《とけつ》も経験しました。4、5人の医師に診《み》てもらいましたが、どの医師からも「結核」と診断されました。

結核は結核菌によって引き起こされる感染症（伝染病）で、抗生物質（ペニシリン、1928年に発見）を用いた化学療法（1942年に実用化）による治療法が確立する以前は「不治の病」と呼ばれていました。宗精の頃はほとんど打つ手のない死病でした。明治後期に、結核によって若くして命を落とした人の中には、樋口一葉《ひぐちいちよう》（1896年没）、正岡子規《まさおかしき》（1902年没）、瀧廉太郎《たきれんたろう》（1903年没）、国木田独歩《くにきだどっぽ》（1908年没）、石川啄木《いしかわたくぼく》（1912年没）らの多くの著名人がいます。

その頃、結核の予防法は十分な栄養と摂《と》ることだけでした。しかしながら、彼の一家は貧乏で、おかゆが3回も食べられればいい方だったのです。

自分の人生も残り少ないと知ると、宗精は「どうせ死ぬ身なら、もう少し人生を楽しんでからにしよう」と半ば捨てバチな気分になっていました。

心身ともどん底にありました。しかし、宗精は家族の稼ぎ頭です。彼が稼がないことには家族は路頭に迷ってしまいます。「なにくそやるぞ」と自分を鼓舞して、「明日死にいく身ならば、残された生命のある限り、働いて、働いて、働き抜こうではないか！」と逆になりふり構わず仕事に打ち込みました。

生命を賭《と》した人間に怖いものはありません。そのような決死の境遇においては死を怖がるのではなく、逆に命の続く限り、それを楽しもうと、宗精は考えるようになりました。しかし、家族を道連れにはできません。自分の命はどうなろうが構わないが、家族のためには一心不乱に働くという以外の選択肢はありませんでした。

これが結局のところ、宗精の生きる歓《よろこ》びでもありました。苦しい現実から逃れることなく、彼は身を投げうって、前へ前へとチャレンジしていきました。この宗精のフロンティアスピリッツを私たちはしっかり心に留めておきたいものです。人間は、家族のため、他人のため、正義のためなら命をかけることも臆しないのです。

宗精は、おかゆに豚脂《とんし》（ラード）と削りカツオ節をぶち込んで、栄養補給に努める傍《かたわ》ら必死に働きました。その精神と労働、特殊な栄養方法が、病を克服し、彼を健康へと導いてくれました。過酷な労働を心身の鍛錬に変えることができたのも、彼の努力と頑張り、「なにくそ」の精神が大きく貢献しただろうと推測することは難しくありません。

本来、過労は健康を損なう原因になりますが、宗精は運の強い男です。この世に生を得るのは平等ですが、その後の人生は決して平等ではありません。運が味方して、彼は健康を取り戻したのでしょうか。あるいは誤診で本当は結核でなかったという可能性も高いですが、それが問題ではありません。宗精は健康を取り戻し、さらに挑戦するという精神を鋭く研《と》ぎ澄《す》ましていきます。

自然と共生して

自分の病や家計のことは何とかやりくりできても、世界経済の動向を変えることは一介の個人、ましては片田舎の20歳の若者には不可能なことです。

沖縄での帽子製造業は1907（明治40）年ぐらいから急速に発展しました。上でも簡単に述べましたが、沖縄のパナマ帽の原料はアダンの葉でした。亜熱帯地域ではアダンはどこにも、特に海岸沿いに野生しているタコノキ科タコノキ属の身近な常緑小高木《じょうりょくしょうこうぼく》（一年中緑の葉をつける常緑樹のうち、樹高が比較的低い木）です。

今帰仁村古宇利島《こうりじま》でも海岸沿いに草ぼうぼうと生い茂っています。パイナップルに似た果実は美味しそうですが、ヤシガニ以外のものが口にすることはありません。ヤシガニはどうしてその熟した実が好きなのか理由はよく分かりませんが、本当に好きらしく群がってそれを突っ突いています。

パナマ帽を編む素材はこのアダンの実ではなく、その葉を煮て乾燥させた後脱色し細く裂いてできた糸です。パナマ帽が日本本土では紳士のファッションとして広く流行していたため、沖縄では一時、このパナマ帽製造業は製糖業に次いで重要な産業でした。

そこでアダンの葉の需要が一気に高まり、アダンの乱伐が始まりました。それが問題化し、「製造業者が知事と県会（現在の県議会）にその植え付け奨励と、乱伐規制を請願したほどだった」そうです。

アダンは野生のもので人工的に植林されたものではありません。現在もそうです。野生のものは陸であろうが海であろうが、人間が眼をつけだすと一気に激減し、場合によっては絶滅さえします。豊かな自然を次世代に残すための持続可能性をたえず念頭に置きつつ、開発あるいは発展につなげることが非常に重要です。生態のバランスを壊した取り過ぎは自然を再生不能にし、多くの生きもの、植物、そして地域の文化をいとも簡単に絶滅危機に陥れさせます。

アダンはゆうゆうと伸びているように見えますが、長い年月をかけて成長し、自然の防風林、防砂林（飛砂による災害を防止する防災林）、砂防林（土砂の移動を阻止する目的で設けられる防災林）、美観の役目を果たしているのです。

私が幼い頃、古里では、アダンの葉や気根（支柱根《しちゅうこん》：地表に出ている木の根）はござ、座布団、草履《ぞうり》までと広く利用されていました。また、その気根の繊維はとても強力なので、ビニールのない当時は多目的に使える「紐」として非常に有効でした。気根を割いて乾燥させて、農業用道具としてもよく活用したものです。

いつかはオレも！——大阪へ

宗精が帽子製造業に就職した１９１４（大正３）年はヨーロッパで第一次世界大戦が始まった年で、世界経済は大きな転換期にありました。ユリの球根の輸出ができなくなって農業から製造業に転職したのですが、その影響は農業に限ったものではありませんでした。戦争の勃発《ぼっぱつ》による米英などへのパナマ帽の輸出も徐々に滞《とどこお》ってきて、業界は不振に陥りました。彼によるとそのとき、「帽子編み工の60％以上が失業する騒ぎもあって、大きな社会問題になっていた」ということです。

宗精青年は、農業そして帽子製造業に精出して働きながらも、大阪に出て一旗揚げたい野望をずっと心の内にしまっていました。そのチャンスは必ず来ると信じて！

「いつかは、オレも大阪に出て一旗揚げてやるぞ」。

苦しい家計の中でもそして病身ながらも、旅路に必要なお金を少しずつ蓄えていました。その旅費が貯まったので、母や兄たちに相談して、ついに大阪行きを決意します。

その頃沖縄で出稼ぎとは、ブラジルやペルーの外国は別として、国内では大阪にいくことでした。前者の人たちの大部分は移民として南米に残り、帰国することはありませんでした。

一方の大阪は日本では珍しいぐらいに、低階層の異分子をも抱擁《ほうよう》することができるキャパシティのある商業都市です。関東では神奈川県川崎市や横浜市でしょうか。その二つの地域、都市には現在でもかたまってウチナーンチュが比較的多く住んでいます。これらの地域は、韓国人を含む東南アジア系の人たちの割合も比較的多いのが特徴です。

大正から昭和の初期にかけて、多くのウチナーンチュが船で大阪に出稼ぎに行きました。その頃、大阪にいくということは、現在の長期の海外旅行や留学以上の重みがあります。宗精は異国に一人で旅立つような、不安ばかりが心を占有していました。

宗精の母は仏壇の先祖様に向かって手を合わせながら、「宗精が明日から大阪に出稼ぎに行きます。どうか彼が旅先で無事であるように見守ってください。宗精よ、健康で風邪も引かないように！　成功して帰ってきてください。先祖様も亡くなった父も、私も宗精の凱旋を信じて待っています。気をつけて行ってらっしゃい」と必死に祈っていました。

ご先祖様を大切にすることは沖縄文化の特徴です。あの世の人たちと現世の人たちが一緒になって、孫や子供たちの安全、幸福などを祈ります。先祖を祀《まつ》っている仏壇（トートーメー）で、線香をたいてウートートーし（祈り）ます。

私の母もまったく同じようなことをしていました。私が初めて上京したとき、米国に渡ったときも、結婚して子供3人で異国スイスに就職したときも、宗精の母と同じようにトートーメーに向かって、私の安全・健康祈願を唱えていました。

ゆいまーるの精神

宗精の母は半分涙声で自分にいい聞かせるようにトートーメーに向かって祈っていました。クリスチャンの彼女が仏壇に向かって祈るというのも変ですが、この珍妙さもことさら気にしないところがまたオキナワチックなところです。異質なものをチャンプルーして（混ぜ合わせて）、有益なものにすることに何の後ろめたさもありません。この前向きな、ナインクルナイサの文化は南国ならではの産物の一つなのです。

この「アスタマニアナ（明日は明日の風が吹くから気楽にやろうという感じのスペイン語の挨拶言葉、Hasta Maniana）」に似た精神というか習慣で育った琉球人は、大阪でも日本の他の地域でもとても異質でした。そして、「自分の物は人の物、人の物は自分の物（ドゥーヌムヌヤ　チュヌムン、チュヌムンヤ　ドゥーヌムヌ）」という共同体的な生き方が根強く残っていました（今でも残っています）。よく解釈すれば、「ゆいまーる」、すなわち相互扶助に繋《つな》がる概念です。「ゆい」は「結い、協働」、まーるは「順番」の意味から来ています。

私の少年時代の古宇利島でのサトウキビの刈り取り、運搬などは地域の人たちの持ち回り（順番性）で、協働作業として行われていました。したがって、女手一人の農家でも、極めて重労働であるサトウキビの生産を可能ならしめていました。

商売人で賑わう大阪は、自分でお金を稼いでなんぼの世界、本来、私的所有の観念が未発達な琉球人には向かないところです。大阪の商売人には、自分の所有と他人の所有の区分がルーズな琉球人が理解しえなかったのでしょう。本人に悪気はないのですが、他人のものも勝手に使う。これもまた差別・偏見を生む原因の一つであったといわれています。

恋は万能薬

宗精は17歳にして初めてジュリグヮー（女郎）を経験したそうです。15、16歳で一人前になるその節の若者にしては遅い目覚めでした。そんな彼もそのとき、一人前の男として恋をしていました。その彼女は界隈《かいわい》ではよく知られた小町娘（評判の美しい女性）だったので、ライバルもそれなり多くいました。彼は自ら作った高級野菜を彼女の家に売りに行き、彼女が一人だけの時にはたくさんのおまけをつけて歓心《かんしん》を引こうとしたそうです。

今ならチョコレートなどをプレゼントするようなものでしょう。宗精が届ける旬の野菜は恋の香りをたくさん漂わせていましたが、彼は自信がありませんでした。農学校の頃から恋をしていたようですが、家計は苦しく農学校を中退したばかりでした。十中の八九だめだろうと諦《あきら》めていましたが、一縷《いちる》の望みというか期待を捨ててはいませんでした。したがって不安の中でも、自分の作った野菜だけは彼女のところに欠かさずに届けていました。それでも恋を直接囁《ささや》くということはできませんでした。

それがゆえに余計に、恋慕の情が募るのでした。野菜を届ける度に、宗精の顔は火照《ほて》って、胸が締め付けられます。恋の副作用が身体全体に吹き出てくるなどと彼は思いもしていませんでした。それが感じられて、逆に宗精はまた顔を染めるのでした。恋心は正直、正直だからこそ恋焦がれるのです。彼女の名前は幸子《さちこ》です。

宗精の弛《たゆ》みない努力や初々しさなどが功を奏したのか、彼女の叔父を通して宗精の母に、縁談が持ち込まれました。母からその話を聞いたときには彼はさすがに嬉しくて、天にも昇る気分になっていました。

恋は万能薬です。まして恋の成就は、宗精の信念、「大阪に行って一旗揚げる」に油を注ぐようになりました。そこで、彼は彼女とウブクイ（婚約）しました。そこには、大阪で稼いで来て、彼女を絶対に幸せにするという固い信念があったからこそです。世界の政治・経済事情はどうでもいいのです。一人の愛する女性が一人の男の航路をいとも簡単に決定しました。

「よし、大阪に出て一旗揚げるぞ」。そして彼女を幸せにするぞ、と大きな希望と夢を抱いて、宗精は船上の人となっていました。

恋は不透明だが偉大です。広い草原において迷える子羊をも簡単に本道に導くことができるのが恋というものでしょうか。彼女の一言が宗精を未来へ、大阪へと追い出してくれました。

船上からの別れ

当時、沖縄から本土に渡るには、那覇市の泊港《とまりこう》から乗船するのが一般的でした。もちろん飛行機はないので、機上の人ではなく船上の人となって、家族や友人、恋人に別れを告げるのです。

宗精の母はまたこの時でもトートーメーに向かうのと同じように、遥か遠方へ旅立つわが子の健康と安全な旅路だけでなく、「元気で戻ってくる」ようにと目に涙を浮かべて祈っていました。

その思いが二人をつないでいる紙テープを通じてしっかりと伝わってきました。

また別のテープは婚約者幸子にもつながっています。何百もの色とりどりにはためく紙テープの中でも、二人は二人だけのつながりで、愛を確認することができるのです。それが紙テープの本当に素晴らしいところです。

小さい旋律も増幅されてお互いに探知することができます。現在のような飛行機での旅路では経験できない客船ならではの風景は情緒あるものです。また紙テープでは二人の最後の熱い「別れの握手」を誰にも憚《はばか》らず行うことができるのです。

船の出港とともに紙テープはどんどん伸びていきます。それをコントロールするのは船上の人です。つまり宗精です。それがいつまでも続くかのように大切にそして大事に少しずつ放していきますが、テープの長さは有限です。必ず切れる瞬間があります。それが最後の別れです。

テープにつながっている二人に直接別れの合図ができるところが紙テープの最大の魅力です。そこには二人の別れの感動、二人だけの秘められた愛の交換があります。だからこそ愛は、二人の間に大きな余韻として残り、再会までのエネルギー源ともなります。

紙テープが切れて、送迎の人たちに最後の別れを告げ一人なった宗精はデッキの上でしばらく放心状態になっていました。

宗精はやっとその余韻を打ち切って、船室に入って行きました。しかし船室は超満員で身体を横にするスペースを見つけることは不可能でした。実際、甲板まで人で溢れていました。そこでやっと見つけたのが「煙突のある二等船室の真上のデッキの丸太を積んだ」ところだったそうです。海は荒れていました。ここで、丸太の下敷きになるところを危機一髪で逃れています。彼は本当に運の強い男です。

尋常小学校3年生のとき、宗精は腸チフスに感染しました。近所の2人の子供は感染し死んだのに、彼は九死に一生をえています。彼は、「私は運の強い男である」、と自分で感慨深げに述べています。

このように運に恵まれた宗精は、異国の地、近代都市の大阪に初めて足を踏み入れました。大阪は彼がまったく経験したことのない砂漠のような都会でした。人が多い割には人と人との間にコミュニケーションがありません。宗精がウチナーンチュ（琉球人）という出自がコミュニケーション不足に拍車をかけていたようです。

「琉球人」お断り

大阪の巷《ちまた》にはあちこちに、「朝鮮人、シナ人、琉球人」お断りの看板がある、まだそんな時代でした。言葉がまず大きな障害でした。いわゆるウチナー口（琉球語）以外はほとんど話せない琉球人、また上述したような、琉球の古い慣習が身に付いた琉球人は、大阪では異人扱いされていました。

戦後生まれの私の世代でも、「方言札《ほうげんふだ》」というのがありました。標準語普及の一環として励行《れいこう》されていたもので、小学校で方言（ウチナー口）を使うと方言札を首に下げさせられていました。宗精の時代は私のものより半世紀前のことですから、言葉の壁は計り知れないものがあります。言葉だけでも琉球人は十分に異国の人に該当したでしょう。異国同然の環境において、頼る人が一人もいない状況で「大阪で一旗揚げ」ようと上阪した22歳の彼は予想だにしない数々の困難に遭遇します。

職を探そうにも上記の「朝鮮人、シナ人、琉球人」お断りがついた広告ばかりでした。そんな状況の中でまともな就職先が簡単に見つかるわけがありません。（大阪市此花区）四貫島《しかんじま》の大阪造船所の行員募集にはその但し書きがなかったので応募したところ、「ハンマー振り上げのテスト」に合格、宗精は大阪出稼ぎの一歩を踏み出しました。日給70銭（現在の700円程度）だったそうです。沖縄での制帽会社の給料よりも低いものでした。

このときは運悪く、当時流行していた「脚気《かっけ》」にかかり、死線をさ迷いましたが、それでも宗精は「沖縄の実家の生活援助のことを考えると歯をくいしばって仕事を休まず、実家に送金」を続けたそうです。「脚気」はその頃、伝染病の一つであるとも考えられていましたが、実際は栄養素ビタミンB1欠乏症の一つで、手や足の末梢《まっしょう》神経の障害やむくみ、心不全を特徴とする、死に至る病気です。当時、脚気は結核と並ぶ二大国民亡国病といわれていました。大阪に来て、おそらく食事が貧困になり栄養不足や偏食などが脚気の原因になったと考えられます。

大正時代（1910年代）には、脚気の原因はビタミンの不足と判明し治療可能となっていました。彼もその情報をどこからか得たらしく、麦飯で食事療法を続けていました。その麦飯療法には、明治時代の大日本帝国「海軍」の軍医高木兼寛《たかきかねひろ》と大日本帝国「陸軍」の軍医森林太郎（鷗《おう》外《がい》）との面白い話がありますが、ここでは割愛します。興味のある方には、吉村昭著『白き航跡』（講談社文庫、２００９年）の講読をお勧めします。

大阪で転職を繰り返す

食事療法が功を奏して、その冬には脚気も回復し元気を取り戻したので、宗精は今度、砲兵工《ほうへいこう》廠《しょう》の消防隊員になりました。その頃の消防隊員は判任官《はんにんかん》（注：現在でいう小役人）待遇でした。

宗精はのちに大阪から帰郷して警察官になりますが、その引き金は、この大阪での消防隊員の経験が大きかったのではないだろうかと私は推測しています。

大阪のどこに移ろうが、生活の基本は「沖縄村」にありました。同郷の人やその知人らの集まりの中で彼は大阪の寂しさを紛らわしながら必死に働きました。これがまた災いの基でした。ぐうたらな同郷人と一緒にたむろするようになると生活全体が廃《すた》れるばかりです。実際、一緒に同居していた沖縄の先輩らは酒と女に溺れ、生活は悲惨で貧乏でした。生来きまじめの働き屋で、家族への送金を第一に考えて蓄えを優先している宗精は、このようなチャランポランな村社会とはつねづね一線を引いていました。それを実践するには相当、我慢が強いられます。同郷の者はたびたび酒の勢いにまかせて、このようにストイックな宗精を「けちん坊」扱いしていました。

そういう生活から抜け出すために、彼はまた転職することになりました。消防隊をやめた宗精は、沖縄から神戸へ移出されたパナマ帽の不合格品に目をつけます。それを半値で買い取り、不合格の要因だったシミ抜きをし、合格品と変わらぬ仕上げにして安価で売り歩きました。これが「飛ぶように売れた」といいます。沖縄でパナマ帽の製造と販売などの経験がここに大いに生きたのです。「なにごともまず体験を集約したしたうえで、創意と工夫を試みてみることが大事だという教訓を学ぶことができた」と述べています。

宗精は大阪での生活を次のように回想しています。

「大阪での話は尽きない。そのほかに私は土方もやりニコヨン（注：日雇い労働者のこと）もやり苦労のかずかずをなめ尽くした。しかしどんなに苦労しながらも本だけは離さなかった。それが私の苦労を支えてくれた」。

「琉球人お断り」の差別的な冷たい社会の中、自分と同じ志で上阪してきた同郷の人たちの貧窮した生活に幻滅しながらも、逆に自分は絶対に凱旋《がいせん》して帰郷するという強い信念は曲げませんでした。転職を繰り返し、つぎはぎだらけの人生を送りながらも、勤労青年、宗精は一縷《いちる》の安堵《あんど》と将来への希望を本に託していたのでしょう。

彼はまた、苦しい生活の中でも家への送金は怠りませんでした。2年にわたる大阪での出稼ぎ期間中に仕送りした額は総計350円になります。計算上では現在の約35万円相当の額ですが、宗精の回想では「現在の通貨に換算すると350万円くらいになろうか」というのが実感でした。

その上で自身も、ほぼ200円（現在の約20万円）の貯えもしています。日給70銭からスタートしたことを考えれば、彼がどれほど懸命に働き、また我慢を重ねた生活を送っていたかが想像できます。

帰省——そして結婚

宗精は大阪で数かずの辛酸《しんさん》をなめましたが、初心を忘れませんでした。沖縄村の生温い同僚、先輩に染まりませんでした。彼らの飯当番をしながらも、彼らのように女や酒、たばこなどに溺れませんでした。沖縄に残した家族への送金のことに加え、婚約者への忠心を誓い、歯をくいしばって辛抱していました。22、23歳の若者にはまことに厳しい生活が要求されました。

母は宗精が健康で帰省することだけを望んでいました。それは婚約者の期待にも応えるものでした。基本的に大阪は「出稼ぎ」ですから、所得の高い大阪で稼いで田舎に送金し、それなりの貯金を蓄えて帰省するということです。そういう意味で彼は初心の二つを貫徹して沖縄に戻ることになりました。つまり、①脚気に悩まされながらも健康を取り戻したこと、②大金ではないとしても「200円」の現金を手にしたことです。大阪での出稼ぎ期間は丸2年でした。

また婚約者への想いもだんだん募りホームシックにかかりました。24歳の若者には肉体労働や社会の不条理には堪えられても、故郷への郷愁とそこで待っている恋人への恋慕には弱いのです。さらに、沖縄の先島、八重山がこれからの開拓の宝庫であることも聞こえてきました。チャレン

1976年、幸子夫人とともに秋の園遊会に出席（『私の戦後史』第2集より）

ジ精神旺盛の宗精はその開拓を夢見るようになりました。彼はいつも大望を抱くことが好きな、好奇心旺盛の青年でした。そしてほぼ200円の金も蓄えられたので、ついに帰省することにしました。

故郷には婚約者の幸子が待っていました。彼女は琉球の女らしく、宗精の帰省を静かに喜んでくれました。そしてしばらくして、二人は結婚しました。大阪での2年の苦労なんか、とうの昔に忘却のかなたに消え去っていました。

第3章

警察官時代——一途な挑戦

八重山開発

具志堅宗精《ぐしけんそうせい》が2年間大阪で数々の辛苦《しんく》をなめた後、帰省したのには大きく二つの理由があります。一つは婚約者へ募る思いから来るホームシック、二つは沖縄先島の八重山諸島での開発への目論見でした。この二つがあったがために、苦しい時間を何とかこらえられたともいえます。それは希望であり、心の支えでした。

宗精は帰省してすぐに式を挙げ、郷里において束の間の幸せを満喫しました。しかし故郷で身体を休める暇もなく、彼は新妻幸子とともに彼女の伯父の住む八重山諸島に出かけました。西表島や八重山諸島を含む沖縄の先島諸島は開発が進んでいなかったので、木材開発などの宝庫であると考えられていました。

これらの諸島は沖縄本島よりも南に位置し、台湾に近い真の亜熱帯地域で、マラリアやフィラリア症、デング熱などのさまざまな熱帯病の宝庫です。日本が統治していた台湾の状況とほとんど同じで、ひときわマラリアは猖獗《しょうけつ》をきわめていました。これらの熱帯病がこの地域の開発を大いに妨げていました。

この地域は、木材や農業などから利益が見込まれることから、外の者にも大いに魅力でした。よって台湾からの移民が多数住みついて、農業に従事していました。宗精も大阪でその魅力に取りつかれ、いつかは自分もその開発に加わり、一旗揚げようとひそかに策を練っていました。

彼は八重山で、牧場を経営しようという漠然とした夢をもって新天地を求めましたが、結局は資金不足でその開発の事業を諦《あきら》めました。彼が2年間で大阪で貯めた200円は八重山の土地に、一瞬の間に吸い込まれていきました。

宗精は石垣島に1か月ほど滞在して失意のまま那覇に舞い戻ってきました。「若干の農業知識と、実地に畑栽培をやってきた経験を生かして、大自然に挑もうという開拓精神も、資金不足という大きな障壁《しょうへき》の前にあえなくついえたのです」と宗精は述べています。そのとき、新しいものにチャレンジするエネルギーはもう残っていませんでした。しかし、群島知事として4度目の宮古島奉公をするようになってから、彼が西表の開発に再挑戦することは後述します。

警察官へ

その頃、世界では第一次世界大戦が終結し、フランスのベルサイユ宮殿の鏡の間でベルサイユ条約が調印され、新しい国際秩序の時代（ベルサイユ体制）が始まろうとしていました。このベルサイユ条約において決められた国際連盟規約によって、国際連盟が組織され、その本部が中立国であるスイスのジュネーブに置かれ、第1回総会が1920年11月15日にジュネーブで開催されました。これは宗精が沖縄県巡査を拝命する5日前のことです。

さて、八重山でのチャレンジの結果はどうであれ、宗精の企業家精神はこの頃から養われていたようです。八重山に行って企業を興して、何かをしようと企画していたのです。このチャレンジもまた彼の将来を展望する一つの有力な情報源です。

宗精は八重山開拓に向かったものの、資金不足で失意のまま、妻と共に那覇に戻りました。大阪から帰省して数か月しか経っていませんでした。後からみれば宗精の企業家精神の発揮を見ることができるのですが、このときには、これまでに彼が必死に働き貯金した２００円が完全に消え、無一文で那覇に帰ってきました。憧憬《どうけい》も願望もすべてが水泡《すいほう》に帰す！　気力もなく、新婚なのに生活もかなりげんなりしていました。

そんなときに、とりわけ仕事もなかったので、ただ食べるために巡査を選択したそうです。「『オレみたいなデキランヌー（できの悪い奴）はせいぜい巡査部長が関の山だろう。とにかく当分巡査でもやって、そのうちにいい職をみつけてやめたらいい』という軽い気持ちで巡査試験を受けた」そうです。

宗精は見事合格し巡査になるのですが、これも大阪での判任官待遇《はんにんかん》の消防隊員の経験が生かされているように思います。その経験があったからこそ（また父が刑務官であったことも影響しているか）、多くの職業の中から、公務員の警察官を志望したのではないでしょうか。その意味で、大阪で稼いだすべてを八重山開発ですってしまいましたが、大阪での経験はまったく無駄ではありませんでした。宗精もいっているように、人生でいろいろなことが起こり体験するが、その一つひとつはそれぞれつながって結ばれています。

正義の擁護者

宗精は、巡査教習所に入り、警官としての役目を遂行するための特別訓練などを受けてから、赴任先の通知を待っていました。多くの卒業生と違って、彼は自分から希望赴任地を示しませんでした。

とりわけ望んで警察官になったわけでもないので、飯さえ食えればどこでもよいという、多少自暴自棄なところがなかったわけではありません。しかし、一面では、「警察の職務は強きをくじいて弱きを助く、そして正義の擁護者としての街頭裁判官であり、また社会の治安維持をはかる重大使命を負わされていることがわかり、それ自体が自分の性に合うと思われたので警察で身をたてる決心が堅くなった」とも述べています。

宗精は1920（大正9）年11月20日、24歳のとき、沖縄県巡査を拝命しました。そして翌1921年2月21日に沖縄県巡査教習所を卒業し、宮古島警察署に配属されました。初めての勤務地が宮古島！　これは運命的なことでした。後述しますが、彼はその後3回、計4回の宮古島勤務を命じられます。「巡査—宮古知事—実業界と転々としているようだが、このコースは私の人生で一つに結ばれている」と記しています。

沖縄ではその節、皇室史上初めて欧州を訪問した帰路に、皇太子（後の昭和天皇）が与那原に上陸し、軽便《けいびん》鉄道に乗車し那覇駅に向かわれています。これが皇室の最初の沖縄訪問でした。また、御召艦《ごしょうかん》「香取」の艦長が沖縄県出身の提督《ていとく》、漢那憲和《かんなけんわ》（1877〜1950年、海軍退役後は沖縄県選出の衆議院議員）であったこともあって、黒山の人だかりが皇太子一向を出迎えたそうです。

宗精は宗精で未知の領域への挑戦に心を躍らせていました。そして、巡査の仕事に誇りを持つようになってきていました。社会の不正義や不公平などに対して、徹底的に抗戦する自分というものを彼は確立しようとしていました。最初の赴任先、宮古島警察署において青臭い1年生巡査が先輩巡査に向かって堂々と自論を述べ不正を指摘するので、宗精は周りから煙たがられるようになります。それは若者の特権であり、成長の一つの過程でしょう。人一倍正義感にもえていたからこその行動であり、またバリバリ仕事をする根拠ともなっていました。

生意気な怖い若造が来たと嫌われ、「チンハブグヮー（小さい金ハブ）」というあだ名がつけられています。「あいつは身体は小さいが精悍《せいかん》で、こわい奴だぞ」というぐらいの意味でしょうか。とにかく、彼は幼い頃から曲がったものは嫌いで、猪突猛進《ちょとつもうしん》、その正義感は格別でした。

多良間島へ

多感な青年の正義感は怖いモノ知らずです。警察署の先輩や同僚巡査との口論は止まず、敵の数が増えるばかりでした。宗精は、「街頭裁判官であり、正義の擁護者である」という自覚が高まれば高まるほど、先鋭になっていきました。その結果、警察界の「赤」（共産主義者を指す言葉ですが、ここでは組織の中の異端児という意味）扱いされ、だんだんと冷遇されるようになったそうです。

「そこで私は、『こんな腐った官界ではだめだ。俺は金をもうけて新聞社をつくり、こんな悪党ども征伐してやるぞ』と心に誓った」そうです。これがきっかけで、宗精は27歳のときに、誰も行きたがらない多良間島の駐在巡査を自ら志願し赴任しました。

多良間島は面積約20平方キロメートル、宮古島と石垣島のほぼ中間に位置しています。琉球王国が中継貿易で栄えた中世には沖縄本島と宮古、八重山地域を結ぶ航海上の要所でした。水納島《みんなじま》（沖縄県本部町にも同名の島があるので間違わないように要注意）を含む多良間村の１９２３年（宗精の多良間島赴任の年）の国勢調査人口は３６９７人でした。

多良間村の人口は、１９５０（昭和25）年に３８００人ぐらいまで増加していましたが、その後減少傾向が始まり、80年（昭和55年）には１６６７人にまで減っています。実に総人口の約６割にあたる約２１００人が島を離れています。その後はほぼ横ばい状態が続き、２０１７年３月末現在の人口は男６４８人、女５５１人、総数１１９９人です。また、外国籍でフィリピン16人、ベトナム２人が住んでいます。

現在は宮古島市平良港《ひらら》と多良間港間の距離62キロを1日1往復（日曜日は運休）するフェリーが就航しています。平良港を出港すると、埠頭《ふとう》を出てすぐに、無料で渡れる日本でもっとも長い橋、伊良部大橋の下をくぐって大海に出ます。フェリーの進行とともに海面の色は変化し、吸い込まれそうなエメラルド色の海が広がっています。また波が海面に映えていろいろと変化し、万華鏡のようにいつも違う風景を醸し出します。さらに海面すれずれをトビウオが猛スピードで勢いよく飛んでいます。一方で、南国の初夏のそよ風はさわやかで気持ちよく、太陽は肌に優しく、ついついうとうとと眠りに誘い込まれそうになります。そうしているうちに、フェリーはゆっくりと多良間港に接岸します。

多良間島駐在所

多良間島はおもいきり平坦な島なので自転車でも回ることができます。人々は素朴で、通りで会う人たちは必ずといっていいほど挨拶《あいさつ》を交わします。そこには古いゆいまーるの精神が生きていて、島の人たち一人ひとりの繋《つな》がりを強く感じさせました。

それは橋が架かっていないために、ある面、昔の自然と習慣、島民の生活などがそのまま保存され、それがよい方に継承されているからではないでしょうか。文明社会から取り残されたというのではなく、都市社会が失いかけている人間の絆を非常に大切にしているように感じました。点から線、そして面、つまり人間同士のネットワーク、人間関係がこの島には強く残っています。

宗精もこの島の人たちの温かさに触れ、そのネットワークの一員となって、島の安全に寄与しつつ、幸せな時間を利用して自己研鑽《けんさん》に努めたのでしょう。ここでの勤務経験は大阪のものと同様、未来を切り拓くための貴重な力の源として彼の血となり肉となって、心身の中に貯えられました。

宗精が志願して赴任した宮古島警察署多良間駐在所は現在でも同じ場所にあります（多良間村字塩川161）。駐在所は建て替えられて新しくなっているので当時の面影はありませんが、宗

現在の多良間駐在所と著者

精のそのときの心理状態を推察するには十分な場所でした。駐在所は島の中心部にあって、村役場や学校にも近く、その駐在所の若き宗精は島民の公安の維持、社会秩序を保つための警察官としてだけではなく、島民の意見番としての重要な役目を担ったいたことが思い浮かばれます。

とはいえ、彼はどんな寂しい孤島にいても、また騒々しい都市にいても自分を忘れる人ではありませんでした。その状況に合わせて、自分の立ち位置を観察し、未来を展望できる人でした。難しい環境に置かれれば置かれるほど、自分を律していました。その性格は生涯変わることはありませんでした。

宗精が自ら買ってでて多良間島に赴任した背景には、その節の宮古島警察に勤務する同僚の不正義、エコヒイキなどへの不満がありました。採用試験の不正に、彼は憤っています。試験の一環としての柔道において、負けた方が80点、勝った方の彼が60点と採点され、その結果、総合点で1番と2番の彼の差が3点ぐらいだったそうです。その3点が希望先の決定に大きく影響しました。その不正を宗精は黙って見過ごす人ではありませんでした。

そして多良間島の環境を利用して次へのステップを、宗精はすでに模索していました。あの連中を見返してやる！　ここで大阪の経験が生きています。法律の勉強や貯金に励みました。

宗精はこの時代を振り返り、「私はどんな境遇にあっても、独立独歩の精神だけは失わなかった。その境遇が苦しければ苦しいほど、この精神は旺盛になり、『何くそ、やるぞ』と私の負けじ魂が体全体にみなぎってくるのでした」と述べています。

激動の世界状況の中で

宗精は、多良間島での有意義な2年間の勤務を含め、1921～27年の丸6年間、25歳から31歳というおもいきり精力的な年齢のときに宮古島警察署に勤務しました。宮古島の人びとに家族同伴で寄り添っての6年間でした。

そして宮古島を離れるほぼ半年前、1927（昭和2）年3月21日付で、宗精は「精勤賞」を授与されます。彼はその後いくつかの賞や研修などを経て、沖縄県警察署内での梯子《はしご》を順当に駆け上がっていきます。警察官としての仕事をこなす過程において、彼の勤勉さと負けん気、つまり宗精らしさが随所にみられるようになります。

後述しますが、これが最初で最後の宮古島勤務ではなく、宗精は運命に引き回されたかのように宮古島を4度訪れることになります、警察官としてまた群島知事として。

宗精が宮古島にいる間に、第一次世界大戦を経て世界は大きな転換期にさしかかっていました。とりわけ戦勝国となったイギリス、アメリカ、日本などの連合国は競争して軍事力（ひときわ海軍力）の補強を急いでいました。それが国家の財源を苦しめるようになっていたので、戦勝5か国の軍縮を定めた「ワシントン海軍軍縮条約」が1922年2月に締結《ていけつ》されます。その後、調印国の一部が条約から脱退したり、それらに密約を与える国が現れたため、1930年代には条約の効果は低下することになります。これ以後、世界は制限なき軍艦建造競争の時代に突入し、第二次世界大戦を迎えることになります。

また1922年にはマルクス・レーニン主義を掲げた共産党による一党制の社会主義国家「ソビエト社会主義共和国連邦」が成立します。

国内では1923（大正12）年、東京都と神奈川県を中心に約190万人が被災、死者・行方不明10万5千余が犠牲になったとされるマグニチュード約7・9の関東大震災が起こっています。

1926年12月25日には、大正天皇が崩御しました。宗精の20代は、まさにこの大正天皇の時代で、上述のように世界はベルサイユ体制の国際秩序が敷かれた時期とほぼ重なります。すなわち、世界はもう二度と戦争をしないという平和の狼煙《のろし》を高々と上げた時代でした。その大きな役割を担うことを任されたのが「国際連盟」でした。

おそらく宗精本人はこのダイナミックな世界の動きとはほとんど無関係に宮古島での巡査生活を送っていたと思われます。しかし、第一次世界大戦後の世界経済の混乱は沖縄の津々浦々まで及んでいました。また、1922年9月10日には宮古島に80年来の大型台風が襲来し、島に大きな痛手を与えています。

熾烈な政党政治

日本での本格的な政党政治は、宗精がちょうど宮古警察署に勤務していた時代の1924（大正13）年の第1次加藤隆明（第24代内閣総理大臣、1860～1926年）内閣からだといわれています。立憲政友会（政友会）と立憲民政党（民政党）がそのときの二大政党をなし、交互に政権を取っていました。つまり二大政党の総裁が交互に替わる「憲政の常道」という状態が続きました。日本の最南端の宮古にもこの政党政治が吹き荒れていました。

政権が代わる度に、官界のそれぞれの部署のトップや他の人事が変わり、それによって絶えず身分の浮沈があり翻弄《ほんろう》されました。政権の変化によって、部下と上司の地位が逆転することもざら。前政権下で冷や飯を食っていた連中が、政権の変化によって、高級官僚にのし上がることもしばしばでした。宗精は、「まったく猫の眼のように世の中が変わったものである」といっています。宗精によると、当時、警察官も例外ではなく、どうしても政争に巻き込まれることが多かったそうです。

どことなく、現政権の官邸主導による官庁人事に似ているようにも思います。たくさんの「忖《そん》度《たく》」がいたるところで錯綜《さくそう》していたでしょう。よって巡査も含め官界のスタッフは政党の顔色を伺《うかが》いながら仕事しているというのが現状でした。

宗精の自伝『なにくそやるぞ』には「坊主憎けりゃ、ケサまで憎い」といわんばかりに宗精の警察の上司の行動を妨害していた政治家を彼が談じ込めて、「さすがの豪の者もグウの音」も出させなかった宮古警察署時代のエピソードを記していて痛快です。これは彼の警察官としての正義感からでた勇気ある行動の一つでしかありません。

宗精は自分から進んで政治活動をしていなかったので、誰それは「民政党」あるいは「政友会」であるとかは他人がつける政党色だといっています。彼の原点は、彼が巡査になりたての頃に修得した、「警察の職務は強きをくじいて弱きを助く、そして正義の擁護者としての街頭裁判官」という自己原理に基づいています。

ソテツ地獄

宗精が宮古警察署赴任期間の6年間（大正末期から昭和初期）に、第一次世界大戦後の経済悪化や関東大震災などの影響で、沖縄は深刻な経済不況に陥りました。特にそのときの主要産業のサトウキビなどによる製糖業やサツマイモなどの単作による食糧生産の弊害が深刻な打撃につながりました。この時の恐慌を沖縄では「ソテツ地獄」と呼びます。

琉球王国時代、サツマイモが普及する以前は、ソテツは重要な救荒《きゅうこう》植物（飢饉《ききん》、戦争その他の際に食糧になる山野に自生する植物。備荒《びこう》植物とも呼ばれる）として栽培が奨励されていたそうです。ソテツは現在でも沖縄のいたるところに自生しています。

私が小学校低学年まで、古宇利島《こうりじま》でもソテツの赤い実は、主食のサツマイモが不作のときなど食糧として使われていました。それ以外でも、かまどの焚《た》きつけ、肥料、畑の防風林などにも利用されていました。野原にソテツの葉を刈りにいくのは子供たちの役目でした。乾燥させたソテツの葉はよく燃えるので、芋を煮るときのかまどの焚きつけとしては最高でした。その火の勢いで目が覚めたものです。

「ソテツ地獄」とは、ソテツを食べて中毒したり死亡したりする事件のみを指すのではなく、本来の意味は、第一次世界大戦の終結の後に、日本の輸出が大幅に減少し、その影響が沖縄のサトウキビ・モノカルチャー（サトウキビだけに依存した経済構造）を苦しめ、それから脱却できず、住民が重度の貧困や食糧不足に陥った状態、そこから発生した経済恐慌の総称です。その結果として、サツマイモの代替品としてのソテツを食糧源とし、ソテツ中毒で死に至るまでの悲惨な経済的窮乏《きゅうぼう》状況をいいます。

当時、沖縄県民の7割以上を占める農村部の人びとの生活は限界に達していました。生活を支え生き残るためには、子供たちを身売りするしかありません。10歳前後の男の子は漁師として糸満へ丁稚《でっち》奉公に出されました（糸満売り《イチュマンウィ》）。女の子は遊女として那覇の一角にある辻の遊郭に売られていきました。幼子が辻に尾類《ジュリ》の卵（ジュリグヮー）として人身売買（辻売り《チイジウィ》、尾類売り《ジュリウィ》）されることです。

ところで宗精が勤務していた宮古島の人びとは、１９０３年に廃止されるまで「人頭税《にんとうぜい》」というきわめて厳しい税金を支払わされ、その「支払いのために生きているという奴隷のような人生」

を送らされていました。さらに台風や干ばつなどによって沖縄本島より厳しい生活環境にあって、島民の暮らしは文字通り地獄の様相を呈していました。

残念ながら、宗精の自伝には、宮古島の人びととの厳しい生活についての記載はほとんどありません。ここには、公務員の警察官と市井の島民において、いろいろな面でギャップがあったと思われます。彼にはそのとき、当事者意識というか、末端の人たちの苦しみを自分のものとして昇華できるまで成長していなかった可能性もあります。やはり統治する者とされる者、守る者と守られる者、警察官と住民の違いみたいなものが生活の表面に出てくることはあったのではないでしょうか。

また警察官の宗精は、亜熱帯の夏の灼熱の太陽のように、ときには権力に任せて厳しい取り締まりも厳《おごそ》かに実施したこともあったでしょう。そしてそれを素直に受け取らなかった島民もいたという事実も否定できません。

しかし彼は当時のジュリやジュリグワー、その制度についてユニークな見解を持っていました。これについては後で触れることにします。

首里へ、与那原へ

宗精は、これまで触れてきたような宮古地方の自然の狂暴、経済の疲弊《ひへい》にも負けず、一部の不誠実な警察仲間のやっかみ・恨み・妬みなどにもへこまず、正義の擁護者、街頭裁判官としての資質・能力向上に独り研鑽していました。

「こうした不撓《ふとう》不屈の闘志に燃える私をかばってくれたのが、当時の宮古署長牧志さんであった」、と彼は述べています。その牧志署長は、「おい具志堅、ヤケをおこすんではないぞ。世間はお前の考えているよりもっと広いぜ。みんながみんなあんなものではない。お前に官界浄化の闘魂があるなら、その時期までじっとがんばるんだ。ヤケになったら、あたら正義の闘魂も消えてしまう。世の中はもっと複雑だ。その正義感をどう生かすかが大事だ」と宗精に絶えず警告を発してくれたそうです。実際、ほぼ20年間後に「その時期」が彼にやってきます。

そして二人はともにめでたく、首里警察署へ栄転することになりました。

しかし一緒に首里警察署に赴任した牧志署長が政変交代でクビなってしまいました。大臣が代わるたびに知事が更迭《こうてつ》され、それ以下の職員がめまぐるしく入れ替わりました。「まるで戦国時代の武将の浮き沈みにも似ていた」と宗精は当時のことを思い巡らせています。

牧志署長がいない首里警察署には魅力がなかったので、牧志署長に頼み込んで、1928（昭和3）年4月、与那原警察署に異動させてもらっています。この年、昭和天皇の即位の大礼のために、沖縄の警察からも22人の代表が上京することになり、宗精もその一人に選ばれました。また同年8月には巡査部長登用試験に合格し、非常に張り切っている時期でした。その後、異動を頻繁に繰り返しました（別表参照）。

宗精が首里・与那原・那覇警察署を転々としている間、日本は軍国化の道を突き進んでいきます。1928（昭和3）年の3・15事件、翌29年の4・16事件といった「赤狩り」（共産党に対する弾圧）が続きます。1928年6月4日、日本の関東軍によって、中華民国・奉天（現瀋陽市）近郊で奉天軍閥の指導者張作霖《ちょうさくりん》が暗殺されます。この事件は、第二次世界大戦終了まで犯人は公表されませんでしたが、これによって大日本帝国の国際的信用が損なわれ中国との関係が悪化し、かえって満州情勢を不利なものにする結果を招きました。それが遠因の一つとなって、関東

具志堅宗精の勤務年表
（1920～1950年、巡査～宮古民政府知事）

年号	西暦	月	年齢	勤務先など
大正 9年	1920年	11月	24歳	沖縄県巡査拝命
10	1921	2	25	沖縄県巡査教習所卒業
				宮古警察署勤務（初回）
12	1923		27	幹部養成訓練を受ける
14	1925		29	宮古警察署多良間駐在所勤務
昭和 2	1927	12	31	首里警察署勤務
3	1928	4	32	与那原警察署勤務
		8		巡査部長登用試験合格
4	1929	3	33	巡査部長を命じられる
				警察部特高警察課勤務刑事係
		5		沖縄県警部補となり那覇警察署勤務
		8		宮古署へ転勤（2度目）
7	1932	1	36	名護警察署へ転勤
		5		上京し警察講習所入所
8	1933	3	37	警察部警務課勤務
		4		那覇警察署勤務
9	1934	9	38	那覇警察署署長代理
10	1935	5	39	沖縄県警部となる
11	1936	4	40	警察部衛生課勤務
		7		警察部警務課勤務
12	1937	3	41	与那原警察署長
13	1938	2	42	嘉手納警察署長
14	1939	12	43	宮古警察署長（3度目の宮古赴任）
16	1941	3	45	名護警察署長
17	1942	1	46	警察部警防課長
		8		警察部長代理
18	1943	5	47	地方警視となる
				首里警察署長
19	1944	6	48	那覇警察署長
20	1945	4	49	県警察部長代理を兼任
				地方事務官として沖縄県勤務
				沖縄県警視となる
21	1946	2	50	沖縄民警察警視
				知念地区警察署長
22	1947	2	51	宮古支庁長就任（4度目の宮古赴任）
		4		改称で宮古民政府知事就任
25	1950	10	54	宮古民政府知事を退任

具志堅宗精自伝『なにくそやるぞ』などから作成

軍は1931（昭和6）年に満州事変を引き起こし、中国への侵略をさらにエスカレートしていきます。もう誰も大日本帝国の軍国化の推進を止めることはできませんでした。その結果が最終的に沖縄県民の4人に1人が犠牲になった太平洋戦争末期の沖縄戦ということになります。

遅刻して「犯人」逮捕

宗精は宮古警察署から首里警察署に異動になり、数か月後には与那原警察署勤務を命じられます。その時代の話がこの「演習中、遅刻して犯人逮捕」です。

先輩に連れられて行った辻遊郭《ゆうかく》で飲み過ぎてそのままそこに寝込んでしまったときに、夜中になって、「警官の非常招集の提灯《ちょうちん》」が辻の中を埋め尽くしていました。びっくりして飛び起きて宿舎に戻り召集令状を受け取るやいなや、人力車に飛び乗って訓練現場に急行しました。幸いに、最後の関門に配置されていた彼のところを偽装犯人が通り抜けようとしました。そこで機転を利かせた職務質問と身体検査が功を奏し、偽装犯人を逮捕し演習は終わりとなりました。

宗精はそのおかげで、犯人逮捕の栄誉はもちろん、当時の金としては大金だった三円入った金一封をもらいました。「具志堅の奴、なんと運のいい奴だろう」。

彼は運ばかりではありませんでした。与那原警察署派遣中には、巡査部長登用試験に合格し、警察の中道《なかみち》（まっすぐな道）をまっしぐらに進んでいました。そして翌年（1929年、昭和4年）3月には、判任文官特別任用例による警部および警部補特別任用試験および実務考査に合格し、ただちに巡査部長を拝命し、警察部特高警察課刑事係に勤務します。

そして1929年5月、沖縄県警部補となり、那覇警察署勤務を命じられました。ここで席を温める時間もなく、宗精は8月に宮古署へ転任します。これは彼の2度目の宮古奉公でした。

宮古島は台風銀座といわれるぐらい沖縄の中でも台風被害が一番多い地域で、大雨に悩まされることもある一方で、多くの島民が餓死したという記録もあるぐらい長期間にわたって雨が降らず、農作物がすべて枯れてしまう深刻な干ばつにも悩まされることもありました。その頃宮古島では、この干ばつのためサツマイモが不足し食糧難になっていました。

悪いことに、同年10月24日には、アメリカ・ウォール街の株式市場の暴落（暗黒の木曜日）、10月29日（悲劇の火曜日）の大暴落に端を発した世界恐慌が始まりました。その影響を受けて、日本の経済も大不況に陥り大阪の紡績工場などに出稼ぎに出ていた沖縄の女工たちが続々と帰郷してきました。ずっと後になっての話ですが、私の母も大阪紡績工場の女工の一人でした。

この厳しい状況の中で、宗精は2度目の宮古警察署勤務を命じられました。宮古島だけでなく、沖縄の経済はどん底にあって、県内の失業者および出稼ぎの帰省者は増えるばかりでした。それに加え、大型台風が沖縄を襲います。

世界恐慌に伴う生糸《きいと》の対米輸出の激減よって、とりわけ大きな打撃を受けたのは農村でした。豊作飢饉は沖縄に限ったものではなく日本全国に広がりました。ひときわ東北・北海道地方は冷害による大凶作（1931年）がこれに拍車をかけていました。全国に失業者が増え社会不安が広がりました。
宗精の2度目の宮古警察署勤務（巡査）は2年半続き、1932（昭和7）年1月名護警察署へ転勤します。

「ウチナーマブイ」

宗精は名護警察署へ転任してすぐに、沖縄県以外の人が沖縄から立候補する、いわゆる輸入候補あるいは金権輸入候補による選挙違反検挙に取り掛かりました。輸入候補が名護の政治地区の買収に関わっていました。政党政治が隆盛のころ、自分のクビを覚悟しなければ、これはできない仕事でした。

この輸入候補の支援者が選挙違反をしている容疑で逮捕されました。宗精はいいます。「私は、平素政党の横暴に反発を感じていたので、これはひとつ首を賭して徹底的に摘発してやろうと思った。しかも、金権輸入候補の買収行為とあらば、沖縄人に対する一種の侮辱である。これはぜったいに見逃すわけにはいかない」。この過程を上司に報告する順序は誤っていましたが、宗精は突き進んでいきました。直属の上司を飛び越して、検事正（沖縄検察庁のトップ）に直接連絡しています。

「当時の警察は選挙違反を検挙する場合、特に与党候補関係の選挙違反を検挙する場合は、警察部の指揮を受けるしきたりがあった。それを無視しての私の無謀な処置に真玉橋課長があぜんとなったのも無理のないことである。もちろんこちらは首を覚悟の上でのことだから平然たるものがあった」、と彼は述べています。

「これは大事件になったぞ」と思っていたところでしたが、「呑舟《どんしゅう》の魚《うお》（舟を飲み込むほどの大魚、転じて大物の意）」の選挙総事務長に夜逃げされてしまい、宗精は本当に悔しい思いをしたといっています。

捕まえる側の警察官の心境がとことん察せられます。捕まえかけていたドジョウがするりと手から抜けて、金網の向こう側に行ってしまってもうどうすることもできない沖縄の現状と重ね合わせると、彼の悔しい思いが痛いほど分かります。

宗精は話の随所に、この「ウチナーマブイ（沖縄魂）」を披露しています。これは郷土愛というものに矮小化されるものではなく、「沖縄人が侮辱に合う場合」には自分の祖国が、心が、宗教などが蹂躙《じゅうりん》されるほどの痛みを覚えるような怒りをもって、彼は抗議しています。現代の私たちも譲れるものとそうでないものの区別をはっきりさせて、必要な場合には泰然たる態度で臨むべきでしょう。たとえ、目の前に「一見」美味しそうなニンジンがぶら下げられたとしても！

起業や転職、リーダーシップの発揮などの厳しい環境・状況を効率よく乗り切るためには「譲れないもの」を持っていること、またそれを自分で知っておくことが大事です。この「曲げられないもの」を持つことによって、嵐の中でも自分の正確な立ち位置を確認することができます。後述する具志堅宗精語録「自《みずか》ら省《かえり》みて直《なお》くんば、千万人といえども吾往《われゆ》かん」はこれに通じるものであると私は思います。

人生は不思議なもの

人生は不思議なもので、この与党候補の選挙違反検挙が縁で、宗精は警察幹部登竜門である東京の警察大学へいくことになったのです。１９３２（昭和７）年のことでした。これはリットン調査団報告書に関する国際連盟総会の審議を不服として、日本が連盟脱退を通告する、ちょうど1年前のことです。日本が軍国化、そして孤立への道を一直線に歩んでいる頃でした。

彼は続けます。「なお、世の中は異なるもので、上京後まもなく五・一五（事件）が勃発、犬養首相が凶弾に倒れ、この政変で、私の首をきることになっていた警察部長ほか警察部の幹部がほとんど首になった」。

人生は巡り合わせともいいます。巡り合う人はみな「縁」のある人なのです。それはまた一面、自分から手繰り寄せた縁であるかもしれませんし、向うから近づいて来た縁であったかもしれません。人生は人と巡り会ってこその人生です。仏教の世界には、「袖振り合うも多生の縁」ということばがあるように、ほんのささやかな出会いの偶然性をも大切にすることを教えています。卒業や退職などは、縁の始まりであっても終わりではありません。自分の部下だった人がいつか上司で帰ってくるかもしれません。

クビを覚悟で臨んだ選挙違反検挙には、宗精のウチナーンチュ魂と「正義の擁護者としての街頭裁判官」の精神がはっきりにじみ出ています。金権輸入候補に対する反発はおそらくウチナーマブイの発現の一つでしょうが、今眼前の利を得ずとも「強きをくじき弱きを助ける」という彼の正義感が土台になっていると思われます。

「とかく警察官としての立場から見ると、世の中を毒するのは、いわゆる政治ゴロ、羽織ゴロである。コソ泥の如きは一種の不手際からくるものが多い。私はコソ泥には余り興味を持たず、羽織ゴロ、政治ゴロの大物退治に主力を尽くしたように思っている。那覇署の特高主任をしたことがあるが、これは政治警察担当である。刑事事件は司法主任の主管になっているが、当時、肥料疑惑、セメント、砂利食い疑惑など社会の耳目《じもく》を集めた事件の摘発者は、実は特高主任の私であった」というところに宗精の決意・信念がうかがえます。

信頼に足る上司とは

大日本帝国は1933（昭和8）年、国際連盟を脱退します。そしてドイツではアドルフ・ヒトラー内閣が成立し、世界はまさに長い暗いトンネルの入り口に入りかけていました。

ところである日、宗精の部下が那覇の辻遊郭界隈《かいわい》で醜態をさらしている大日本帝国軍隊の特別部隊の部隊長をその身元もよく確認しないまま留置場にぶっこみました。事の詳細は省きますが、宗精は部隊長を突然、偽者扱いして留置場から出して帰宅させます。部下はびっくりしています。この部隊長が何で偽者なのか！

豚箱に放り込まれた部隊長は自分の面子《めんつ》にかけても那覇署長に謝らせようとしましたが、宗精はこれに断固反対しました。帝国軍人がこともあろうに、酔っぱらって辻遊郭界隈で乱暴を働いたのです。誰が謝るべきか明白ですが、昇竜の勢いの大日本帝国陸軍の軍人様です。「軍の威光を力サに着て、逆にこっちに謝らせようとしている。こんな無法なことがあるか。私は義憤を感じた」と彼は述べています。

宗精は簡単には引き下がりません。捕らえた部下の巡査を救う道はこれしかないのです。謝ってはこちらの落ち度になるので、部隊長をあくまで偽者として最後まで突っぱねました。そのお陰、部隊長本人はもちろん、警察署もお咎《とが》めを受けることなく、そして最初に逮捕した部下の巡査もクビになることなく事が解決しました。

「私は長年警察畑に育ち、指揮者として多くの部下を持ったこともあるが、部下からこのような、不祥事で犠牲を出したのは割合少なかったと自負している。上司ともなればいろいろと難問題にぶっつかって苦労することが多く、機に臨み変に応ずるといった機転も必要になる」と彼は書いています。

宗精は、臨機応変、どんな状況にも対応できる度胸がありました。世の中の政治や経済、景気などを早めに予測し、でもそれに左右されず、柔軟に対応する能力がビジネスの世界ではとりわけ重要です。巡査時代の彼は公務員という堅い仕事でしたが、それでも柔軟性を失っていませんでした。これは企業を興し、発展させるためにはどうしても欠かせない必要な素質です。

そして彼は続けます。「とにかく私はおじおじすることが大嫌いである。やるとなるとことんまでやる。つっぱねるべきものはあくまでつっぱねる。部下が可愛ければ部隊長をニセものにしても助ける。そういう気質が事業面でも私を支えてくれていると思っている」。

後述するように、オリオンビール㈱は創業当時、ビールが売れないで困っていたときに、「なにくそやるぞ」の精神はもちろんのこと、機に臨み変に応ずるという柔軟な考え方があったからこそ、その危機を乗り越えることができました。

宗精のような上司を持つ部下は幸せ者です。上司の仕事は部下の生活・精神の安定と安寧《あんねい》を持続させ、彼らの未来への橋渡しをスムーズに行うことです。能力が高く仕事ができる条件はもちろんですが、信頼される上司とは大きな意味で「部下へのさりげない気遣い」ができる人間力の高い人のことです。そして個人的には、欲をいえば、未来志向型の人が好きです。

宗精はワンマンであったものの、必要とあれば、絶対天皇と呼ばれるその頃の高等弁務官に対してもひるむことはありませんでした。一方、部下には「おい、有給休暇を利用して1か月間ぐらい欧米で勉強して来い」、と大盤振る舞いすることもありました。尊敬に値する上司とは、決断が早く、実行力が高く、優しくフォローする人のことです。

社会的に弱い者に寄り添って

1930年代、日本は軍国化を加速させていきます。前述したように、日本は1933年に国際連盟を脱退します。

１９３６（昭和11）年２月26日には、皇道派《こうどうは》の影響を受けた陸軍青年将校らがクーデター未遂事件（２・26事件）を起こし、その結果、第31代首相岡田啓介《おかだけいすけ》（１８６８〜１９５２年）内閣が総辞職。そして日本は列強海軍の補助艦保有量の制限を目的としたロンドン海軍軍縮会議から脱退します。イタリアも続きました。そこから日独防共協定、１９３７年の日独伊防共協定を経て、日本・ドイツ・イタリアの三国同盟が締結され、第二次世界大戦への道を一目散に前進します。１９３７年７月７日の日本軍と中国国民革命軍との間での盧溝橋《ろこうきょう》事件、１９３９年５月11日のノモンハン事件（日本軍とソ連軍の大規模な衝突）。太平洋戦争はもう目の前です。

そんな時期、沖縄県知事の号令で、辻遊郭を始め全琉の売春狩りが行われました。娼婦《しょうふ》と酌婦《しゃくふ》などの女性を区別せず、全員を検挙するという暴挙に出ました。宗精はそれに反対しました。「口さがない新聞記者連中にいわせると、『知事は辻の妓《ぎ》にふられたので、その腹いせに今度の措置に出た』というものもいた」と彼はいぶかしんでいます。

ここには「娼婦」と「酌婦」の制度上の問題がありました。前者は公認され堂々と商売できるのに対し、後者は梅毒の検査（検梅）は義務付けられているものの、公然と稼ぐことはできません。役所が検梅制を採用し酌婦に免許を与えているということは、酌婦が売春していることを警察は百も承知の上です。また、酌婦のほとんどが前借金を借り、その給料の大部分が利子にまわるという高利で縛られいます。このような状況の中で、娼婦と同様税金も検梅料も払えとなると酌婦はどうすればいいのだろうか。もちろん売春はやっていけないことである。しかし警察自身が酌婦を売春に追いやりながら、これを検挙するという矛盾に宗精は反対していました。

「こうした矛盾を矛盾とせず敢えて売春狩りを強行したことは、どう見ても感情的な措置としか考えらない」。彼はさらに続けます。「私の性格として筋の通らないものはいっさい妥協しない。相手が知事だろうが誰だろうが……」。

警察時代（生誕100年記念誌『伝説のオリオンハット』より）

このような彼の一徹さは可愛いです。本来取り締まるべき側の者が、その制度の矛盾に気づき、取り締まられる側へ救いの手を差し伸べます。強い正義感があって、行動力が伴わなければ不可能なことです。彼のこの行動力は後日、名護の街に新しい息吹《いぶき》をもたらすことになります。

早川・泉知事の想い出

宗精は１９４１（昭和16）年９月に名護警察署長に就任します。この時から沖縄県知事（官選知事）と付き合いが始まっています。

沖縄県知事は、４つの期間に大きく分けることができます。１８７９（明治12）年３月の廃藩置県によって設置された①県令知事、その後の②官選知事、③米軍施政権下の政府首長、現在の④公選による知事です。

宗精の自伝に登場する知事は、官選知事23人中、最後の3人だけです。つまり21代官選知事早《はや》川元《かわはじめ》（任期期間1941年1月～43年7月）と22代泉守紀《いずみしゅき》（同1943年7月～45年1月）、23代島《しま》田叡《だあきら》（同1945年1月～6月）です。

人生はおおかた、何を学ぶかではなく、「誰に出会う」かが重要です。その出会いで人生が大きく変わります。宗精にも運命を決するような、貴重な出会いがいくつかありました。

宗精は、1939（昭和14）年に3度目の宮古警察署赴任となりました。43歳、署長としてでした。「断頭台」といわれていた宮古に3度も赴任させられるということは、出世する道が閉ざされたものも当然でした。将来への希望は霞《かす》むばかりでした。

そんなとき宗精は、21代早川知事に見いだされ宮古から、出世コースの起点と見なされていた名護署に抜擢《ばってき》されたのです。それからは案の定、出世コースをひたすら突き進んでいきます。数年の間に、名護警察署長から沖縄県警防課長、警察部長代理、地方警視、首里警察署長、那覇警察署長、地方事務官、沖縄県警視と目まぐるしい展開とともに、出世の梯子《はしご》を上って行きます。3回も宮古で独り寂しく、配所の月を眺めていたころとは大違いです。

早川知事は埋もれた人材を掘り起こすことに興味を持っていたそうです。早川知事の眼にかなった宗精はもちろん、それなりの気概と努力、能力があったからこそのことです。それを認め、掘り起こし、抜擢してくれた早川知事の好意に対して、彼は深く感謝の意を伝えました。

早川知事が離沖する際に「正道を踏んで恐れず」の額字をいただいた宗精は、それを床の間に飾って大切にしたそうです。

早川知事の後任として泉守紀知事が就任しました。「堂々たる体格の人で、就任当初は、いかにも勇壮、豪毅な訓辞で、これは相当やるわい」と思ったそうですが、まったくの見かけ倒しに終わりました。

いずれにせよ、このようなリーダーシップのない知事の下で、もっとも苦しんだのはその部下および罪もない一般の県民でした。実際、アメリカ軍の1944年10月10日の空襲（十・十空襲）によって県民にも多くの犠牲者が出たことは歴史が証明するところです。その頃の沖縄県知事泉守紀は、住民避難などの指揮をいっさい行いませんでした。

宗精は、この十・十空襲およびその後の沖縄戦で大なり小なり犠牲者の出ない家族がなかったことを思えば、いまさらうらみごとをいってもしかたがないと書いていますが、(間接的ながら)長男の宗平を含め、母、姉、妹、妻の母親と甥《おい》2人その他にも多くの身内を亡くしています。「上見れば限りなし、下見て暮らせば百合の花」という謙虚な気持ちと、これも神の配剤、宿命としてあきらめ、生き残ったものがみんな手を取り合って、沖縄の復興、世界平和、人類の幸福のために頑張らなければ、これらの英霊も浮かばれない、と自分に、そして家族の者たちにいい聞かせている宗精でした。宗精が謙虚であればあるほど、第三者にも彼の心情がよく伝わってきます。

島田叡知事の想い出

泉知事が更迭《こうてつ》されてからの後任人事は、内務省にとってとても頭の痛い問題でした。十・十空襲によって廃墟と化した沖縄への赴任は、いわば死地を求めて赴《おもむ》くようなものです。

ここで十・十空襲についてもう少し詳しく触れたいと思います。これは1944（昭和19）年10月10日、アメリカ海軍機動部隊が南西諸島の広い範囲で行った大規模な空襲で、沖縄大空襲とも呼ばれています。とりわけ那覇市の市街地の大半が甚大な被害をこうむると同時に、民間人にも330人以上の死者を出す、大惨事となりました。那覇市に限っては那覇空襲と呼ばれるぐらいです。

これは太平洋戦争末期の沖縄戦（ウチナーイクサ）の始まりに過ぎません。それから半年の間に、沖縄県民4人に1人が犠牲となるウチナーイクサが繰り返されました。もちろん、これはただ一人の知事の不徳とするものではありません。根本的に20世紀初頭に始まった大日本帝国の軍国化の結末がこのあり様なのです。

敵の上陸、激戦化が予想されている状況下での、知事の任命は簡単ではありませんでした。そこに白羽の矢が立ったのが「一等県への知事栄転が予約され」ているような地位の大阪府勅任内務部長だった島田叡《あきら》氏でした。ですから「敵の上陸、激戦化が予想されている三等県」の沖縄県知事に就くことを周囲の者はみな止めたそうです。しかし島田氏は『誰かが、どうしても行かんならんとあれば、いわれた俺が断るわけにはいかんやないか。俺は死にたくないから、誰か代わりに行って死んでくれ、とはいえん』として、日本刀と青酸カリを懐中に忍ばせながら、死を覚悟して沖縄へ飛んだ」そうです。

この厳しい状況の中で、島田氏が沖縄県知事を快く引き受けたことに多くの人は感動しました。宗精も心秘かに尊敬している一人でした。

戦争がいよいよ激しくなるころ島田新知事が就任しました。就任後まもなく、島田知事は戦火をぬって台湾へ米購入に出かけ、3000石分（成人1000人の1年間分に相当する米の量）を調達し、砲弾の雨が降る中を帰沖しました。

島田知事は敵機空襲中であっても壕に避難することなく指揮をとりました。見かけ倒しのチキンな前知事とは大違いです。宗精は知事ともに何度も弾丸雨下をくぐり抜けました。「知事は自分のごちそうをこっそり下の負傷者に与えるとか、涙ぐましい行為が多かった」と彼は追懐《ついかい》しています。また避難先の壕の中での知事の一挙一動は彼らの模範となったとも彼はいっています。

島田知事の最期はよく分かっていないし、今日までその遺骨もまだ見つかっていません。しかし、諦めてもいません。沖縄県民は太平洋戦争後も、知事の好意および献身に対して最大の感謝の念を尽くしています。

島田知事の行いは、戦争中に沖縄県民に対する大日本帝国の軍隊の態度・行動とはまったく正反対のものでした。このような上司に恵まれた宗精（そして県民）は幸せであったと思います。

島田知事のような人が戦火の中にも指導者としていたということは後に続く島民の未来への希望

でした。そして何よりも勇気づけられるものでした。島田知事の功績を次世代に引き継いでいくのは私たちの役目です。それはいろいろなところですでに始まっています。

島田氏が最後の官選沖縄県知事として在任したのはわずか5か月足らずでしたが、多くの県民の命を救うために彼が最善を尽くしたことは、人びとの心に深く刻まれ、戦後70年以上経った今もなお、語り継がれています。沖縄県前知事翁長雄志《おながたけし》氏は次のように述べています。「島田叡氏は、沖縄県が十・十空襲を受けるなど、まさに戦争まっただ中の状況下に、死を覚悟して沖縄県に赴き、困難極まる課題に対し先頭に立って、荒井退造《あらいたいぞう》警察部長をはじめ沖縄県職員とともに、県民の安全確保、食糧確保、学童疎開などに奔走したことは、戦後七〇年という長い歳月が経過した現在においても、多くの県民の間で世代を超えて語り継がれております」。島田氏の戦時中の行動や業績などは多くの書物で紹介されています。それに加え、2013年8月7日夜9時からTBS報道ドラマ『生きろ～戦場に残した伝言～』で全国放送され、歴史の中に埋もれようとしていた島田知事を再び人びとの心に蘇らせるきっかけになりました。

疎開——警察の役割

宗精は、十・十空襲の数か月前の1944（昭和19）年6月、那覇警察署長になります。空襲を受け、すぐにも地上戦が始まろうとしているときです。統治はすべて軍が強制的に行っていましたので、この戦時下で警察ができることは非常に限られていました。それでも、住民の避難と食糧確保などの仕事は警察の役目でした。

戦争はもう足元まで忍び寄っています。沖縄諸島をはじめ先島などへ軍人がぞくぞく送り込まれた実戦部隊は、学校や公民館などを兵舎とすると同時に、住民の家などにも雑居することになり、住民との間にトラブルが絶えませんでした。

大日本帝国はこの実戦部隊の配置とほぼ同時期１９４４年7月7日、日本本土へ8万人、台湾へ2万人の沖縄県民を疎開《そかい》させる計画を緊急決定します。その頃、すでに米軍の潜水艦が沖縄沿岸の海に出没していました。マリアナ沖海戦の敗北、それに続くサイパンの戦いなどの敗勢を受けて、大本営は南西諸島の防備強化および沖縄本島への増援が必要となりました。

その一環として、約４５００人の兵員を乗せた富山丸が宇品《うじな》から門司《もじ》・鹿児島を経由して那覇に送られます。しかし１９４４年6月29日、奄美群島徳之島亀津《かめつ》北東において、米潜水艦の魚雷攻撃をうけ被雷沈没しました。ほとんどの乗船者が溺死などで死亡します。３００人前後の生存者は、戦闘行動に耐えられるとして、漁船や機帆船《きはんせん》によって沖縄戦線に運ばれました。せっかく命拾いした、これらの多くの人たちが戦争中についに沖縄で命を落としています。

さらに、政府命令による那覇から長崎へ学童の疎開を目的に出航した対馬丸《つしままる》が１９４４年8月22日走行途中に、米海軍の潜水艦の攻撃を受け沈没し、１４７６名が犠牲になりました。ほとんどが児童でした。

この沖縄疎開計画で、疎開は子供や老人などの非戦闘員だけに許可されたもので、婦女子であっても戦闘協力が可能なものには許されなかったそうです。この計画は、その後の地上戦で、一般住民の犠牲者が増加する一因ともなります。

そして年が明けて1945（昭和20）年、沖縄地上戦が始まろうとしていました。牛島満中将率いる南西諸島方面守備軍は陸海軍約10万人、沖縄現地で動員された防衛隊・学徒隊ほぼ2万人あわせて約12万人、そのうち沖縄出身者が3割以上を占めていました。

警察署解散へ

年も明けて間もなく1945（昭和20）年1月22日の空襲の後、米空軍の大型偵察機が連日のように沖縄上空の諜報《ちょうほう》飛行を繰り返すようになりました。もう米軍の沖縄上陸は時間の問題でした。そしてついに3月26日、空爆と艦砲射撃の援護を受けた米軍が慶良間諸島座間味村に上陸を開始しました。これが、米軍が沖縄の土地に上陸した最初の日でした。不意を突かれた日本軍はなすすべもなく逃げまくり、数日後に慶良間諸島全域が米軍に占領されました。沖縄に関する多くの歴史書において、これに伴う島民の悲劇（殺し合いや自死殺、軍の強制による自殺など）は詳しく記載されています。

そしてついに、米軍は4月1日、読谷村（当時は読谷山村《ゆんたんざそん》）と嘉手納町、北谷町（当時は分離前でともに北谷村）の沖縄島の中部西海岸へ上陸を開始しました。その後の展開は多くのところで紹介されています。日本軍の組織的な抵抗はその後6月19日に終え、6月23日に牛島満第32軍司令官が自決、そして7月2日に米軍が沖縄作戦終了を宣言、9月7日に日本は公式の降伏文書に承認します。これらの一連の戦いを、沖縄語では「ウチナーイクサ」ともいいます。

宗精はこんな中１９４５年4月、沖縄県勤務となり沖縄県警視となります。しかし、戦闘中警察は無力でした。統制する政府の機能も失なわれている中、住民の避難誘導と食糧確保が主な仕事でした。その食糧を横取りしようとする上級機関の上司などもいました。

この戦争中の最中１９４５年5月11日、後に宗精が胸像まで作って尊敬する母カメが亡くなりました。享年79歳でした。沖縄県警視として厳しい戦場を渡り歩いていたときでしたので、病状の母を十分に看護できせませんでした。これは、彼にとってとても心残りでした。

ウチナーイクサの後期、那覇警察署員を引き連れ南部に撤退しましたが、そのときすでに警察は任務をほとんど終えていました。糸満市伊敷《いしき》（当時は真壁村伊敷）の壕に署員らとともに身を潜《ひそ》めていた宗精は6月9日、轟の壕に島田叡知事を訪ね、那覇警察署の解散を具申し承認されています。島田知事は、同行した県職員および警察官に対し、「どうか命を永らえて欲しい」と訓示し、県および警察組織の解散を命じました。島田知事は6月26日、荒井退造《あらいたいぞう》警察部長とともに摩文仁《まぶに》（糸満市）の壕を出たきり消息を絶っています。

宗精が、任務を果たせない組織を維持するより、部下が生き延びる可能性を選択する方が賢明であるとしたことは、県庁を解散した島田知事と相通じるものがあります。

投降

宗精は島田知事との別れを次のように述べています。1945（昭和20）年6月10日、真壁村（現糸満市）の轟の壕で知事に別れを告げ、部下の玉代勢正昭、上江洲由照、上江洲安輔の三君とともに、死を覚悟して敵中突破を敢行します。もし国頭への脱出が成功すれば、日本本土にわたって沖縄の戦況を報告するつもりです、と島田知事に話したら「敵中突破の成功を祈ります」と励ましてくれました。これが知事との最後の別れの言葉となりました。

そこで宗精ら4人は、「アリのはい出るすき間もないほど歩哨線《ほしょうせん》が張りめぐられていた」南部の戦場を夜間に北部国頭に向けて逃走していきます。途中、上江洲安輔は電探（レーダー）に触れ、機銃掃射を受けて死亡しました。

そしてついに6月22日がやってきます。摩文仁の轟の壕を出て12日が過ぎていました。那覇の繁多川《はんたがわ》にたどり着いて、豚小屋に隠れているところを米兵に見つかり、万事休すでした。宗精は、玉代勢正昭と上江洲由照、偶然潜入してきた女性2人に降伏を勧めて、彼らを豚小屋から追い出しました。

「居残った私はかねて覚悟通り、拳銃の安全弁をはずし、銃口を口にくわえ引き金を引いた。カチッ、…二度、三度引き金を引いたがタマは出てこなかった」。

これが原因で宗精は米軍の捕虜となりました。それでもしばらくは自決のことが頭から離れませんでした。「戦陣訓《せんじんくん》」（96頁参照）は軍人でもない彼をもしばっていました。何より警察署長として戦意高揚を図り、その結果部下から犠牲者を出したことの責任を感じていました。しかし米軍の捕虜への扱いは想像していたものとは全く異なっていました。

そうしていくうちに、おそらく永らえた命の重みを感じることになったのでしょう。「時日がたつに従って、だんだん死ぬのがこわくなって」きたといいます。そしてこのように回想します。「人間は死を決意するまでが難しく、いったん決心ついたら、銃口も葉巻きみたいに、口にくわえることができるものである。しかし、一度死にそこなったら、容易に死ねるものではないという体験を、このとき私は味わった」。

最初の自伝『なにくそやるぞ』では、「私は〝拳銃自決未遂〟」と題してこの体験を冒頭に掲げました。「その方が私の波乱万丈の人生を語るにふさわしいと思ったからである」と、その理由を記しています。

この「一度は死んだ身」、あるいは「(運命によって)生かされた」という強烈な体験は、宗精の原点となりました。

「集団自決」――集団虐殺?

少年を含むすべての男たちは、すなわち沖縄県民の非戦闘員は軍人や防衛隊員として招集され死んでいきましたが、残された高齢者や子供、女性たちも戦火に追われて逃げ場を失い、次々と命を落としていきます。ひめゆり部隊や健児隊の悲劇もさることながら、渡嘉敷島での「集団自決」などの一般住民の痛ましい悲劇が数多く発生しています。

宗精はいいます。

「『友軍』であるべきはずの日本軍は、住民の生命を守り切れないばかりか、しまいには住民を邪魔者扱いにした。『アメリカ人は鬼』だと教えられていた住民は、それならいっそ自決して『兵隊さんの手足まといにならぬように』と、世にも恐ろしい集団自決の道を選んだのである」。

これは「集団自決」ではなく、日本兵による「集団虐殺」に匹敵するものであるととらえることもできます。日本軍の強制あるいは誘導によって死に追いやられたものであって、とにかく自分の意思によって死を選ぶもの（自死）とはおのずから異なるものです。

実際、渡嘉敷島ではこのような方法で自死することが強制された人の数は329人に達したそうです。「生きて虜囚《りょしゅう》の辱《はずかし》めを受けず、死して罪禍《ざいか》の汚名を残すこと勿《なか》れ」という戦陣訓《せんじんくん》は、兵隊だけでなく一般の人たちに対しても強要するものでした。自分のためではなく、国のために集団玉砕を選択。その教えが日本兵もまた一部の一般の人たちをしばっていました。自分の命を粗末にすることと、地域住民の命を粗末にすることとつながっています。

一方で、住民に直接・間接に自決することを要求した日本兵の中には、自分たちは投降し生き残った人たちもいました。

宗精は、「ただ、沖縄の人たちは、百パーセント被害者だったのか、—必ずしも、そうではない。『同胞による虐殺』のお先鋒をかつぐ、ひどい連中も、なかにはいたようだ。また、沖縄に強制的に連れてこられて、軍夫や慰安婦として、もっとみじめな境遇に置かれていたのが朝鮮の人たちだった」とも述べています。

私は、宗精のこの公平な観察には脱帽します。改めて、宗精という男の人間力、包容力の底深さに感服します。

ウチナーンチュをスパイ扱い

「ここでぜひ記録に残したいことがある。それは子孫のために、また私の体験から沖縄人全体の弁護のために……というのは、沖縄戦も末期に来ると、軍の中から沖縄人はスパイだとの声が聞こえて来た。それは本当だろうか。いや、ぜったいにそんなことはありえない。ここにその一例を挙げて参考記録としておこう」。

これは宗精の自伝『なにくそやるぞ』の第一部「沖縄戦までの私」の最後の一節「沖縄人はスパイではない」の書き出しです。空襲下の困難な物資集めでは、警察部の幹部や軍部の横やりに困り、警察の任務を全うするのに苦労していた宗精です。そして心優しい温厚な島田知事とは対照的な、他人からものをもらうときにも高圧的な一団。腹立たしく思うのも当然です。だから彼は、「監督庁だというエリート意識では那覇署をなめた態度に出たので、私は攻撃を受けた貝のようにガチュと固くなって動かなかった」。

さて上記の書き出しに戻りましょう。

これはまさに、ウチナーンチュとしての宗精の心の奥からの叫びにも聞こえます。彼らは硝《しょう》煙弾雨《えんだんう》の中を、食糧を確保し住民の疎開と避難民保護に明け暮れている中、壕に入ったまま、住民保護の活動は一切行っていない軍の連中に対する不信と落胆が頂点に達していました。そのさなかでの軍人の一部の者が、「住民が非協力的でスパイ行為をしたために戦争に負けたといいふらして、敗戦の責任を住民に転化するようないいぶりをするものがあった」。彼はただ黙って聞いているわけにはいきませんでした。沖縄の県民そしてその子孫のために。

終戦後、防衛大学の参謀らが沖縄戦史研究のため来沖したときに、宗精は次のように証言しました。

「……沖縄は資源にとぼしく、干ばつが多く、台風銀座、蘇鉄《そてつ》地獄といわれている貧乏県で、住民は気は利かないけれども、敢闘精神に富み、また困苦欠乏によく耐える精神は他県に優ると も劣るものではない。もし戦争が沖縄でなくて、日本本土が戦場化したとすれば、沖縄住民のように最後まで戦うことができたであろうか。おそらく日本本土にアメリカが上陸し戦場化したとすれば、今日の日本はありえなかったと思う」。彼らは案外素直に聞いて、別に反論もありませんでした。しかし後日、彼らから送られてきた沖縄戦史には宗精の講演の内容の記載は一切なかったそうです。

第4章

宮古知事時代

――不《ふ》惜《しゃく》身《しん》命《みょう》

収容所を出て

日本軍は1945（昭和20）年5月下旬、首里が陥落すると南部の摩文仁《まぶに》へ撤退し、抵抗を続けるものの、6月23日未明、牛島満軍司令官と長勇《ちょういさむ》参謀長が自決し、軍としての組織的抵抗が終わり、ウチナーイクサ（沖縄戦）がほぼ終結します。

具志堅宗精《ぐしけんそうせい》は1946年1月、実に7か月ぶりに知念の収容所から出所し、請われて2月に知念地区警察署長に就任しました。まもなく、おおよそ1年ぶりに、熊本に疎開《そかい》していた妻子と再会します。

知念警察署では、タチの悪い日系二世の通訳者がいろいろなトラブルを起こします。それを憲兵隊長に報告したところ、本人はあっさりその事実を認めました。ところがこの二世が逆恨《さかうら》みして警察署に乗り込んできて、宗精を殺してやると拳銃をふりかざしてきました。この男は間もなく憲兵隊をクビになりました。

ところが彼が帰国というときに、これまでの失礼と別れの挨拶《あいさつ》ということで宗精の自宅を訪ね、手土産にたばこ1カートン持ってきてくれました。宗精はいかにも大国らしい、さっぱりした行為を微笑ましく思ったそうです。

沖縄の人たちは、戦前・戦中、「アメリカ人は鬼」と教えられていましたが、実際の米兵の行いはすべてではないものの、紳士的で、彼らをまるで〝対等〟でもあるかのように扱ってくれました。これと植え付けられていた概念とのギャップに住民は悩まされました。逆に、「同胞」であるべきはずの日本兵の蛮行《ばんこう》こそ目を覆うものがありました。沖縄県民はそれ以来73年間、この二つの極限の間を右往左往して狂奔《きょうほん》させられているといっても過言ではありません。

宗精はその頃警察幹部ですので、彼自身はそのような目にはあったという記述はどこにも見当たりません。しかしながら彼は、この沖縄の現実をただ直視し受け入れるだけでなく、俯瞰《ふかん》的に熟視し未来を展望するという眼力を持っていました。どんな辛い現実の中でも彼は、明日への希望を失うことはありませんでした。この諦《あきら》めない心が「なにくそやるぞ」と彼を一段と奮いたたせ、現実の困難に真向から対抗するように向かわせました。彼の闘魂精神は、現実が厳しければ厳しいほど燃え上がります。彼には、引き下がるという選択肢はいっさいなく、闘鶏《とうけい》のタウチーのように命さながら闘い続けることしか考えませんでした。

この諦めない、〝never give-up〟の精神をもって、宗精は自分のいく道を切り拓《ひら》いていくのでした。

4度目の宮古島勤務——群島知事として

自分の道は自分で切り拓くものですが、一方で、これはまた状況にも大いに左右されます。就職の場合でもそうです。自分が就きたい仕事でもそこにタイミングよく空席がなければ、そのチャンスは生まれません。

戦後も1年が過ぎようとしていた1946（昭和21）年10月に就任した西原雄一宮古支庁長が

わずか4か月でそのポストを辞任しました。その節の米国軍政府は、自選他選の多い中からその後任として3回の宮古赴任歴があって、業績を残している宗精を指名しました。そのときの志喜屋孝信《しきやこうしん》知事（1884〜1955年。沖縄諮詢会《しじゅんかい》委員長、1946年米軍政府に任命された沖縄民政府の初代知事、1950年琉球大学の初代学長）や又吉康和《またよしこうわ》副知事も三顧の礼を尽くして依頼してきました。宗精は軍が次の三つの条件を承知すれば引き受けることにしました。

1．人事問題は全部自分に任せる。

2．産業を興《おこ》し、一般住民の福祉向上を図る。そのために万全のご協力をお願いする。

3．公務員の待遇改善を図る。これも全面的協力が欲しい。

以上の承認を得て1947年2月2日宮古に単身赴任し、2月7日に軍政府前の広場で軍関係者や宮古の各界代表の列席の下、就任式が行われました。

就任式で宗精は、上記の三つの条件を成就するために、全島民が自分たちの足元をしっかり見て楽土建設の希望を燃やし、この歴史の胎動に奪い立たれんことを熱望してやみません、と述べています。生活の安定は宮古の直面する緊急な問題ですが、責任と礼道、道義を失わず、宮古の精神復興も築き上げなければならないことを強調しています。

そして、自分のモットーは、私生活では「上見れば限りなし、下見て暮らせば百合《ゆり》の花」、公的には「郡の復興を図るほかに何することとありて世の中に立つ」であると高々に宣言して、就任の挨拶《あいさつ》を締めくくりました。

宮古支庁長を引き受けるにあたって、条件を設定したりするところはいかにも宗精らしい！多少長めの就任あいさつではありますが、その自分の基本姿勢の表明に加え、島民一丸となってこれからやり抜こうという島民への期待と抱負などをしっかり明言しています。これらはその後の彼の生き方を知るうえで大いに参考になります。

4群島の民政府知事。左から吉野高善（八重山）、具志堅宗精（宮古）、志喜屋孝信（沖縄）、中江実孝（奄美）＝1950年8月18日

就任から1か月後の3月21日、宮古支庁が宮古民政府と改称されたため、彼は初代の宮古知事となります。１９５０年10月に退任するまで3年と8か月、その任務を遂行しました。ここで、その約3年半の宗精の知事時代の業績を簡単に振り返ってみましょう。

山林開墾

宮古民政府が生まれた背景を概略すると、宮古支庁時代は戦前のしきたりに従い、宮古、八重山、および大島も沖縄本島の直轄下にあったものが、それぞれ独立した知事をおいて、おのおのの立場で統治するという体制に変わりました。その結果、宮古支庁は宮古民政府となり、支庁長は知事に名称変更されました。したがって、各知事は沖縄本島にお伺《うかが》いを立てずとも独立した意思決定ができるようになり、当然自治権が拡大することになりました。それは宗精にとって、仕事の遂行が以前よりもやりやすくなりました。

これは基本的に沖縄本島からの独立、宮古の政治史に新しい1ページを紡ぐものでした。また宮古支庁から宮古民政府になる2週間前1947年3月7日に、1924(大正13)年の村からの町昇格以来23年間の祈願であった平良町《たいらちょう》の市昇格が軍政府から許可され島民の喜びはひとしおでした。平良市《ひららし》に統合されないで取り残された地域には不満が鬱積し、宗精を非難する材料にこれを使おうとする人たちもいない訳ではありませんでしたが。

歴史は先に進んで、平成の大合併により2005年10月1日、城辺町・下地町・上野村・伊良部町と合併して宮古島市となり、平良市は80年以上の歴史に幕を下ろし、廃止されました。

とりわけ、宮古の人たちは政治が好きです。ひときわ、その頃は政党政治が活発で二大政党はいがみ合っている状況でした。この政治状況の中で、政治のかじ取りが宗精に任されました。しかし、宗精の船出には厳しい現実が待ち構えてしまいました。その頃、宮古島には六つの新聞がありましたが、そのうちの五つは宗精に反対でした。

戦後まもなく、宮古は台湾を中心とした各国からの疎開者が多かったがために、食糧難が他の地域と比べことさら緊迫していました。まず知事に求められていることは、その打開でした。そこで、平良市の大野山林に目をつけて、そこを開墾し集団農場を開設して食糧を確保するとともに、大勢の失業者を救おうという一石二鳥の計画を進めました。当時のマクラム軍政官を説得し開発資金の融資に成功しました。

そして大野山林の開墾事業がスタートしました。しかし、1年目はサツマイモに害虫が大発生し生産に失敗しました。市民から集団農場に対する不信が起こり、知事の責任問題へと発展しました。「山林開墾には取り残された雑草雑木類は焼却して後に開墾すべきであることを知らなかったためにこのような害虫発生が起こった」と失敗を認め、2年次の教訓にしたところ害虫発生は避けられ食糧生産が確保できるようになり、この開墾事業は成功しました。

点はいずれ線となり、線はいずれ面となる

1948（昭和23）年3月に、宗精の家族が沖縄本島から宮古に転居してきました。その家族を催促して、移ったばかりの官舎周辺の空地を耕し食糧自給に励みました。彼は農学校を中退したとはいえ、元来土いじりが好きでした。戦争中も一坪農園などを率先して作りました。彼はいいます。「これらの経験が私をして集団農場への情熱を傾けさせることができたのだと思う」。

「土」は万物の根源の四元素の一つであると、古代ギリシャの哲学者エンペドクレス（紀元前492〜432年）はいっています。ちなみに他の3つは、「火」「空気」「水」です。「土」は万物の根源、ギリシャ語の「アルケー」です。つまり「土」は森を稔《みの》らせ自然を豊かにし人をも育てます。「土」に触れているだけでシャバの雑音を忘れて心が癒《いや》され、活力が自然と湧いてきま

す。子供たちが自然を愛し、地球の未来の持続的な発展をとげるためには、特に教育現場において、彼らができる限り土と戯れる機会を多くするように心がけて欲しいものです。

宗精は続けます。

「往時を省みて感慨新たなものがある。人間は何でもやればできる。やらないからできないだという信念を私はいよいよ堅持した。苦難の中からしか成功はかちえないということを、このときほど痛感したことはない。とにかく知事就任初の仕事として、これは私の歴史の1ページに残しておきたい」。

宗精は知事1年目の大事業をこのように感慨深く振り返っています。この開墾事業はまさに彼の知事生命をかけた一大事業であったのです。また農業という10代後半の彼の経験の延長線上にあるものでした。未来は過去の、そして現在の延長線上にしかないということでしょうか。

戦後の混乱期の中において、山林開墾という一つの事業(「点」)が連携することで食糧確保(「線」)につながり、そして、特定の「線」がすべて連携することにより島民の幸福・福祉という「面」になりました。「点はいずれ線となり、線はいずれ面となる」といわれるゆえんです。さらに面がアクションを起こした元の点まで波及して、何倍にも増幅された効果を生み出すことにつながります。

このように過去の、また現在の点が線となり、そして面となって結実するのでしょう。

公僕の無心こそ

太平洋戦争中、沖縄県人を含め多くの日本人が台湾に居住していました。台湾は日清戦争の結果、清朝から日本に割譲された１８９５年４月17日から太平洋戦争の敗戦により台湾が中華民国に編入された１９４５年10月25日までの50年以上、日本に統治されていました。太平洋末期の沖縄県人２万人の台湾疎開の日本政府の決定については上述しました。

宮古島では台湾からの疎開者が引き揚げて来て人口が急速に増えました。失業者が多いところに、たくさんの疎開者が流入してきたおかげで社会状況はいっそう悪化した、と宗精はいいます。疎開者の中には台湾時代に公職にあった人、つまりインテリが多く、宗精は彼らの処遇に大変頭を悩ませました。これまでに環境のよい事務所において書類だけとにらめっこしていたインテリに鍬を持て、土を耕せ、海に潜れとはいえないし、実際その土地も海も安全ではありません。商業やサービス業などの第３次産業の基盤も島にはありませんでした。銀行も島にはなかったそうです。インテリ層の不満は政権側、つまり宗精の方に向けられました。デマがデマを、中傷が中傷を呼び込んで、社会の不安がますます高まってきました。その対応に彼は非常に困ったと嘆いていました。

これらの「インテリ層の処遇には一番困った」、と宗精はいいます。これは彼の本当の感想でしょうが、インテリに対する彼の毅然とした態度の他に、多少コンプレックス感がにじみ出ているようにも思えます。

宗精はこのデマ中傷を払拭《ふっしょく》するために、１９４７（昭和22）年8月4日、所信を披露《ひろう》しました。彼は、「楽土《らくど》宮古の建設」をスローガンに宮古の復興に必死でした。誰が何をいおうがそのために、彼は知事として全身全霊、全知全能をかけて戦いぬく覚悟はできていました。

その所信の長い前半を飛ばして、後半の部分を一部引用します。

「私は赴任以来六カ月しかならぬが、郡の楽土建設に日夜心血を注いで努力しているつもりであります。最近ごく少数の野心家が勢力拡大を狙って、いろいろとデマ中傷を飛ばしているのは誠に遺憾《いかん》であります。

まず軍政下にあるので、その点よく考えなければならないと思います。また宮古はけっして宮古のみの宮古ではありません。沖縄、大島、八重山と、その他近き将来においては台湾、日本とも貿易が開始されるような状況にあるし、現にオール沖縄間においては新聞の交換も行われているので、公正妥当な批判をもらえば結構であります」。

ここに、私は宗精が的確な形勢判断を行なう能力（大局観）の持ち主であった一端を垣間見たように感じます。この混乱の中でも、宮古だけではなく、沖縄全島、全国、そして台湾をはじめとするアジアにも視点を広げていることに感銘します。

宗精は無心で公務に励んでいることを訴えます。「今後もますます勇気百倍して群民の協力支援の下に死力をつくす覚悟であります」。彼には私利私欲がないということが分かってからの郡民の協力は目覚ましかったと彼は回想しています。

世の中、不平分子はどこにもいるもので、こちらから腹を割って納得ずくめでいけば、またお互いに善意を寄せ合えば、相互の誤解は解消できると。これは国と国との場合でも同じことだと思う、と彼は述べています。彼のこの姿勢と精神はそのまま彼の起業精神の基礎をなしていったと考えられます。

沖縄には、「イチャリバ　ムル　チョーデー」といういい回しがあります。直訳すると、「一度出会ったら皆兄弟」という意味で、「ヌー　ヒダティヌ　アガ」（何隔てることがあろうか）と続きます。これは沖縄の素晴らしいおもてなしの心です。ここで重要なのは、「偶然に一度出会えたから」ではなく「一期一会《いちごいちえ》」のおもてなしを交換したから、私たちはここで兄弟のような絆ができたということです。その「一期一会」のおもてなしの心があっての契《ちぎ》りなのです。何の隔たりも置かないで、お互いに楽しいひとときを過ごしましょうと。

宗精がいうように、これは国と国、外国人との関わりの場合にもとても重要であり、また効果的な交渉戦術でもあります。

軍政府の下での「知事」

沖縄民政府は、米軍政下の沖縄諸島における行政機構で、「民政」とあるものの名ばかりで、実態は米軍政府が絶対的な権力を握っていました。民政府には、軍政府が任命した沖縄民政府知事および知事の諮問機関として「沖縄議会」の議員が置かれました（いずれも公選ではない）。

1947（昭和22）年3月、沖縄民政府から独立した宮古民政府（Miyako Civil Administration）が設立されたことは上で述べました。宗精は軍政府に任命された知事でした。彼が所信表明したときに、「まず軍政下にあるので、その点よく考えなければならないと思います」といっている背景にはこのような政治的事情があります。植民地下の状況にあることを島民はよく理解し、島の治安を不安定にするようなデマ情報などを振り回していることなどもっての外であると彼は訴えています。宮古島において、今、必要なのは島民が一丸となって復興のために全力を傾けることであると表明しつつ、彼は自ら率先してその任に当たっていました。

宗精が知事に就任してまもなく、宮古軍政府の経済担当官にローズ中尉という若い士官が就任し宮古民政府に目を光らせていました。「なかなか美男子だったが、大変なカンシャクもちで闇物質の取締りには特にきびしかった」そうです。1947年5月末、ローズ中尉は闇取引きした商人40数人を一切検挙し軍裁判に送るとともに、それを島民の全体責任として一人ひとりの配給を半分に減らしてしまいました。食糧難のときに、配給を半減されると死活問題でした。それを真摯《しんし》に受け止めて、地域全体で「米製品転売防止運動」を展開するとともに、陳情の結果、7月からまたもとの配給高に戻りました。ローズ中尉は若いだけに米国流に何でもてきぱきやる男でしたが、とりわけ闇取引には乱暴なくらいて厳しかったようです。「こんな若僧」が思っても、宗精らは敗戦国民です。

またローズ中尉は料亭街の酌婦《しゃくふ》にも厳しく、彼女らに何らかかんらで重労働を課して震え上がらせていました。これらの悪行の多くは軍政官の留守中に行われていました。ある日、ローズ中尉は闇取引きしている商人に発砲し重傷を負わせる事件を起こしました。「日本軍にも手に負えない将校がいたが、思い上がった兵隊なんてまったく手のつけられないものである」と宗精はいいます。まったくその通りです。

ローズ中尉にこのような乱暴なことはやめるようにお願いしたが聞き入れてもらえなかったので、軍政官に報告するとしばらくしてローズ中尉は更迭《こうてつ》されて、島から消えました。

またマクラム軍政官とのトラブルについても宗精は詳細に書いています。1948年元旦早々のマクラム軍政官の拳銃事件はその一例です。ジープの払い下げに関連して、軍政官が公衆の面前で拳銃をたたいて宗精を叱責しました。「私は別にやましいとは思っていないので軍政官がおころうが、びくともしない。撃つなら撃てと私は拳銃の前に大きく胸を張った」。いくら敗戦国民とはいえ内心非常に侮辱《ぶじょく》を感じましたが、相手が酔っぱらっていたので彼は歯を食いしばって我慢したそうです。

しかしマクラム軍政官はずいぶん反省し、フェアプレイの大国民らしく、その後家族ぐるみの付き合いが始まりました。それからは、マクラム軍政官は宮古軍政に多大な功績を遺しました。それを讃えて、宗精は平良港から旧軍政府跡に通ずる通りを「マクラム通り」と命名して後世に残しています。現在でもその通りは地元の宮古島市民に通称「マクラム通り」と呼ばれ親しまれています。

難題に取り組む

軍政府の下での宮古民政府知事の仕事は楽ではありませんでした。まさに死ぬか生きるかの真剣勝負を毎日繰り返しているようなものでした。その中でも、宗精は常に未来を見据えていました。学校教員の給料があまりに安いことに気づいた彼は、その待遇改善に乗り出しました。それは彼の信念に基づくものでした。彼はいいます。

「世の中はやはり教育から出発しなければならないと思う。絶えず生成発展していく時代にあって、遅れをとらないようにするにはなんといっても、学問以外にない。みんなが平等に教育を受ける。教師が安心して子供たちを導いていく。政治も経済も教育を無視しては成り立たない」。大阪での出稼ぎ時代、苦しいときでも本を手放さなかった彼らしい物言いです。

私も強くそう思います。「ローマは一日にして成らず」。教育もそうです。教師や地域全体の教育力が上がり、それが子供たちに浸透しすそ野が広げることが大事です。それには長期的なビジョンが必要。急いではいけません。苗床《なえどこ》をしっかり耕し準備すれば、新しい芽が必ず出てきます。世界中から賢い優等生を集め移植し、もってきた花を摘むのではなく、私たちは地元にある多くの新しい芽を時間をかけて育て、それを開花させることが肝心なのです。教育は未来への投資です。子供たちや学生たちは、機会さえ与えれば変化し素晴らしく成長します。

宗精は〝眠れる宝庫〟西表《いりおもて》の原始林の開拓事業にも取り組みました。マラリアのために、西表のこれまでの事業は失敗を繰り返していました。西表は宮古ではなく八重山民政府の行政下にありましたが、現地のマシューズ伐採隊長と交渉し、３４００町歩の分譲契約に成功しました。この事業が成功したおかげで、宮古の学校や公共建物が次々と復興しました。

「青年時代野望を抱いて、わずか二百円を持って八重山開発に乗り出すのだと、意気揚々として八重山に挑戦、みごと失敗した経験が、宮古知事になって生かされることになった」。そして「人間なんてどこにもむだがないようにできているものだ」と宗精は、「西表国有原始林の分譲に目をつけた」ことを懐かしく回想しています。

また、宗精は知事として、「女性の社会進出」を大いに後押ししたこともここに強調しておきます。彼は、宮古教育界ではじめて女性の校長を抜擢《ばってき》しました。このようなところは、彼よりおよそ30年前に活躍し、『武士道』の著者として世界的に有名な新渡戸稲造《にとべいなぞう》を彷彿《ほうふつ》させます。そこには古い慣習であっても、積極的に改善するという先駆的な試みがあります。宗精と新渡戸稲造にはこのように進歩的で歴史を先取りするような共通点があります。

宗精の前例にとらわれない柔軟な姿勢は、絶えず競争があってその中で付加価値を生みだし続け利潤を獲得しなければならない企業経営にはとりわけ必要な姿勢です。彼の企業家精神は宮古知事時代においてますます高揚してきているように思えます。

マラリアの流行

八重山群島では第二次世界大戦中および戦争終結後もマラリアは相変わらず流行していました。中でも1945年には、患者数1万6884人で人口の半分以上（53・8％）が罹患《りかん》していました。そのうち死亡者数は3674人、致死率（感染した者が死亡する割合）21・8％で、罹患者5人に1人以上が亡くなるという高率でした。

宗精の知事着任当時、マラリアをはじめとする伝染病の爆発的な大流行は宮古群島民に多くの犠牲者を出し、社会的・経済的にも甚大《じんだい》な被害を与えました。よって、その予防は地域の復興、発展に喫緊な難題でした。

宗精は警察大学で1年間公衆衛生などに関する講義を受けており、各段、公衆衛生業務に関心をもっていました。それがここでも大いに役立ちました。「人間の経験なんていつどこでいかされるかわからない」と彼は書いています。

宗精は宮古署長時代（1939～41年）に髄膜炎菌《ずいまくえんきん》による「流行性髄膜炎」の流行対策に取り組んでいます。宮古において、沖縄伝染病史上最大の撲滅運動を展開し、完全に予防することに成功しました。その経験がその後の宮古のマラリア対策および㈱赤マルソウを経営したときの衛生管理面でも役立ったと彼は後で述べています。

組織的公衆衛生活動の勝利

宗精は赴任と同時に公衆衛生面の施設の充実を図るとともに、郡をあげてマラリア撲滅《ぼくめつ》運動を展開しました。すなわち各市町村に防疫委員会を組織して、１９４７（昭和22）年９月18日マラリア撲滅郡民大会を開催しました。そこで彼は、「われらは郡民打って一丸となり、これが撲滅運動に挺身《ていしん》し、悪疫なき平和郷宮古の顕現《けんげん》にまい進することを誓う」と決議しました。

マラリア撲滅運動には特に軍政府が積極的に協力してくれました。米軍にとってそれは、米軍自身の軍事活動およびその軍隊の健康保全にも重要ですが、沖縄住民のマラリア撲滅に対しても非常に協力的でした。軍政府は大量の防疫資材や医療品を供与するとともに、率先して陣頭に立ち予防対策の指導を行いつつ、環境衛生を重視した伝染病（感染症）対策を軍民共同の撲滅運動として活発に展開しました。沖縄をはじめ日本全体の戦後の公衆衛生の発展に米国が果たした役割は計り知れないものがあります。沖縄はとりわけその恩恵を存分に受けています。米国政府の多大な援助がなかったならば、戦後の長寿県沖縄は生まれなかったかもしれません。

宗精は１９４８年３月31日、従来のマラリア防圧所を宮古民政府マラリア防圧出張所に改め、その設置ならびに業務規定を訓令しました（宮古民政府訓令軍６号　宮古民政府マラリア防圧出張所設置並庶務規定）。

この規定は、群島内のマラリア撲滅の完璧を期するため、島の３か所にマラリア防圧出張所を置き、スタッフを充実させてその任務にあたらせるというものでした。

そして１９４８年10月、宗精（宮古民政府）は、マラリア防圧対策を強力に推進するために、マラリア撲滅取締規則（宮古民政府令第14号）を発令しました。これらの撲滅業務はマラリア対策に大きな成果をもたらしました。

宗精が知事として就任した1947年は、宮古でもマラリアの患者数3万3500人、死亡者数428人に達する大流行が発生した年でした。翌年は患者数7578人、死亡者数120人と激減しました。宗精離任後の54年以降は死亡者数ゼロ、そして60（昭和35）年以降、土着マラリアは発生していません。沖縄県全体では1962年に撲滅されています。しかし、宮古・八重山地域では、マラリアを媒介するコガタハマダラカの生存が確認されており、また外部からの輸入マラリア患者の侵入もあるので、再発の可能性については今後も引き続き監視する必要があります。

首長・議員の公選

「宮古というところは、ある物ごとをやる場合、何かとうるさい問題が起こるところだが、話し合い、お互いに理解すると、その後の問題は実にスムーズにいくところである。口うるさいが、いざやるとなると、あんなに口うるさかった連中が、それこそ陣頭に立って動きまわるという、一種独特の性質を持っている」と宗精は回顧しています。

宮古のこの特性に加え、戦後の民主主義の過渡期にあって、政党間の争いが絶えないのがそのときの宮古でした。

「われわれは戦争で絶えず自分を捨てることを教えられて来た。個人主義ということばが極端に嫌われたし、大君のために一身をささげる、これが日本国民の義務であると教えこまれていたのが、民主主義は個性を尊び、自己の中から出発するところに、これまでのわれわれの生活と大きな差があった。自分というものを強く打ち出し、その上に立って社会を築いていく。まったく逆な世相になったことにわれわれは驚き、そしてこの新しい思想にとまどった。デモクラシーとは一体何ものだろう。そろそろそんな疑問が出て来たころ、沖縄いや全琉の自治体首長と、議員の公選が行われた」。

市町村長選挙が行われたのは１９４８（昭和23）年２月１日、市町村制議員選挙は１週間後の８日に実施されました。

各市町村で大量入れ替えのクビ切り事件が発生したり、女性市議が当選したり、選挙の結果はいろいろでした。宗精は、選挙で選ばれた平良市長を罷免《ひめん》しています。また市町村公選の余波として、平良市の農業組合の解散事件もありました。これはすぐにはありえない知事公選に備えての醜い争いでした。マクラム軍政官の後任として１９４８年６月13日に着任したゲスリング軍政官は、これは選挙に対する教育が徹底していないことが原因であると指摘しました。

「子供は、自分が走ることを習う前に、まず歩くことから習うものだ。現在この組合において勢力争いがあるのをみると、自分で歩くことすら知らないではないかと思われる」とゲスリング軍政官は語っています。まさにこれは「頂門《ちょうもん》の一針《いっしん》」（痛烈で適切な批判や教訓）であったと宗精は述べています。

辞職勧告

宗精は1949（昭和24）年3月7日の午後3時、ゲスリング軍政官から軍政府への出頭を命じられました。予算の説明だろうと気楽な気持ちでそれに臨んだのはよいが、軍政官は彼が軍政府に到着するやいなや彼に突然「辞職」を勧告しました。宗精にとっては青天の霹靂《へきれき》でした。

宮古は戦前から政争が激しく、何かにつけてデマ中傷の多いところです。軍政官は何か勘違いしている！　軍政官はこれを真に信じているのだろうか。問い質《ただ》すと、軍政官の辞職勧告の理由は極めて薄弱でした。宗精にはデマや中傷を根拠に辞職を勧告しているようにしか思えませんでした。彼は知事就任当時から、このデマと中傷に悩まされながらも宮古の復興のために寝食を忘れて、無心で働き続けやましいことは一つもないという自負があります。ここで辞めれば、彼の一生を自ら汚すようなものです。

「よしそうなったら正々堂々と真正面から勝負する以外にないと心中かたく決意した」と彼は述べています。とはいうものの、相手は絶対的権力をもつ軍政官、神のような存在で、宗精は植民地下の飾りの知事でしかありません。二人の間には歴然とした力の差があります。

宗精は小さいときから曲がったことの嫌いな、負けん気の強い男でした。簡単に引き下がる人ではありません、特に納得できないものに対しては！

自伝では、宗精は軍政官との対面の最後に、「今後のこともありますから、片一方の情報だけを信じないで、八万群民を公平に愛してください。私はやめても宮古を愛し発展を祈るものです。いろいろありがとうございました」といって、自ら進んで握手して退出したそうです。多少装飾された挨拶《あいさつ》にも感じられますが、これから闘うという彼の姿勢が行間にしっかり読み取れます。

彼はいいます。

「私は、自分が正しいと思ったら絶対後に引かない性分である。こうと決めたらとことんまでやり抜く。相手がだれだろうが、筋の通らないことには一歩だってゆずれない。このがむしゃらな性格が、いよいよ私をしてゲスリング軍政官と対決させた。そうなれば食うか食われるかである。出るところまで出て決着をつけよう。私は窮地に追い込まれながらもこの不屈の精神だけは捨てなかった」。

沖縄の軍政長官ジョセフ・ロバート・シーツ少将（後の高等弁務官）の仲介ならびに調停や多くの地元民の支援によって、宗精の身の潔白が明らかにされ、1949年3月23日、辞職勧告の取消が通告されました。身の潔白が証明されたという嬉しさで、涙をポロポロ流したそうです。宗精もやっぱり人の子でした。

知事選に立候補せず

1950（昭和25）年7月19日、琉球軍政府はこれまでの民政府機構法を廃止して、新しく群島政府機構法を施行することを正式に交付しました。群島政府機構はこれまで通り、4群島（奄美大島、沖縄、宮古、八重山）を設置するものの、群島政府知事と議会議員を公選にするというものです。それによって、同年9月17日に知事選挙が行われることが告示されました。宗精は、知事をはじめ議会議員が住民の意志による公選によって選出されるという、軍政府のこの機構改変に対して感謝するとともに、民主主義の基本理念に基づく明るい選挙を期待しました。島民から宗精に対する新知事推薦の動きもありましたが、彼は宮古知事の任期を全うした後は実業界入りすることを決めていたので、新しい体制の知事には立候補しませんでした。

この判断は正しかった。そして、未練がましさを一切排除した、まことに清潔感溢れる早い決断。ここに私は宗精の真骨頂を見たような気がします。後の企業家時代においても、彼の決断力の速さおよび決めたことに対する推進力の強さが随所に見られます。まさにこれらがあってのオリオンビール㈱の着実な成長でした。

そして9月18日、新しい知事が選挙で選ばれ、立派な後継者をうることができました。公人の出処進退はタイミングが難しいものですが、彼は安心して知事の職をバトンタッチすることができました。

宗精は巡査・署長として15年間、そして知事として3年10か月、合計18年間にわたって4回の宮古奉公をしましたが、特に知事時代が一番波乱に富んでいました。そのいくつかを上で紹介しましたが、彼はその他にも多くの難問に立ち向かい、それらを解決してこの知事離任に立ち会っていました。

世界史的には当時、日本の統治から解放された朝鮮半島が世界の政治の注目を集めていました。1948(昭和23)年8月13日、北緯38度線以南の朝鮮半島が「大韓民国」(韓国)として独立を宣言し、9月9日には「朝鮮民主主義人民共和国」(北朝鮮)が独立を宣言しました。また翌49年10月1日に共産主義政党による中華人民共和国(中国)が樹立されました。そして1950年6月25日、北朝鮮が国境線と化していた38度線を越えて韓国に侵略を仕掛けたことが原因となって朝鮮戦争が勃発《ぼっぱつ》しました。この朝鮮戦争に伴う「朝鮮特需」によって日本の経済は好況に転じます。

通貨切り替え――B円の時代

さらに上で述べたゲスリング軍政官が赴任するとまもなく(1948年7月21日)、北緯30度以南の南西諸島において新旧日本円の流通が禁止され、B円が流通する唯一の通貨となりました。これもまた島民の人心を不安に陥れた一因でした。なお、このB円は1958年9月16日から20日にかけて、米国ドルへの通貨切り替えが行われるまで10年以上にわたって使用されました。

この沖縄における通貨の歴史を見ると、私が10歳になるまでB円が流通していたことになります。しかし私はB円を見た、自分で使ったという記憶がありません。おそらく古宇利島《こうりじま》では、子供はお金を使う機会がなかったからであろうと推測されます。売店も共同売店であったので、商品はツケでも購入できました。月末に売店から精算表が来て、家族がまとめて支払っていました。

一方で、東京に留学したとき（１９６７年）に、初めて日本円を見たときの衝撃は今も忘れません。「このおもちゃの金は使えるのだろうか！」と心配になっておそるおそる手にしたものです。

「天皇」、宮古を去る

宗精は計18年間に及ぶ宮古での奉公を終えて、宮古を去る準備を刻々と進めていました。上で述べたように、知事としての宮古での3年10か月は戦後の混乱期にあって人心は乱れ荒れて、食糧危機もあり、人生の中で一番つらかった時期であったと彼はいっています。とはいえ、長女と長男の2人の子供たちは宮古で生まれそこで育っており、いわば具志堅家の第二の故郷です。

宮古の地に最初に足を下したのは宗精24歳のときでした。若さと正義感に燃えて、宮古警察署巡査としてバリバリ仕事しました。そこで、「身体は小さいが精悍《せいかん》で、こわい奴」という意味ぐらいの「チンハブグヮー」というあだ名が付けられました。また警部補時代は、大物の羽織ゴロや政治ゴロを検挙したので「暴力団長」、署長時代は法定伝染病の流行性髄膜炎を撲滅したことから「衛生署長」、そして宮古知事としては米軍の艦載機グラマンのように必死に働いたので「グラマン」、いつも轟の音をあげて仕事をするので「ブルドーザー」、宮古もしだいに落ちついて平和の時代がやってくると「天皇」にされてしまったと彼は述べています。ここには仕事に対する宗精のかなりの自負が感じられます。

宮古知事としての事業の展開や群民の統制、軍政官との交渉術などは誰からも教えてもらえるものではありません。リスクを最小限度に抑えて公益を最大にするという命題の下に、試行錯誤を続けながら無我夢中に前進していました。

彼はいいます。

「男一匹仕事の鬼になれぬようじゃ大成はできない。小を捨てて大をとる。これは仕事も政治も同じだ」。

宗精は、人生でもっとも波乱に富んだ宮古知事としての公職の仕事を追想する機会もないまま、1950（昭和25）年10月10日、家族とともに宮古を引き上げました。彼は54歳になっていました。立派な人生でしたといいたいところですが、彼の実業家としての人生はこれからスタートするのです。朝鮮半島では、同年6月25日に戦争が始まっていましたが、「朝鮮特需」の恩恵は宮古、沖縄にはまだ届いていませんでした。

第5章

企業家時代

——オリオンビールの創設・発展

知事室で起業の準備

具志堅宗精《ぐしけんそうせい》は1949（昭和24）年11月頃には、知事を辞め、弟と協力して実業界へ乗り出すことを決めていたといいます。

その当時は、西側諸国のアメリカ合衆国を盟主とする資本主義・自由主義陣営と、東側諸国のソ連を盟主とする共産主義・社会主義陣営の対立である「冷戦」がアジアにも浸透してきた頃でした。

日本経済は、在朝鮮米軍や在日米軍から日本に発注された物資やサービス（朝鮮特需）により恩恵を受けて成長していきましたが、一方で、沖縄のキーストーン化は進み、沖縄の米軍基地の恒久化は実質的なものと変化して現在にいたっています。

朝鮮戦争の影響で、沖縄では軍工事がブームとなります。朝鮮戦争が始まる前の1950年4月12日、米軍発行の軍票B円が1B円＝日本円3円、1ドル＝120B円が公定レートになりました。従来は日本円1円＝1B円が公定レートだったので、このレート変更は物価の上昇を招き、奄美群島の本土復帰運動を加速させる結果にもなったといわれています。

さて、公職にある者としていさぎよく退きたいと思っていた宗精が実際に退任したのは1950年10月でした。宮古群島政府知事の公選が正式に決まったため、それまでは知事のポストに留まるように、軍政府に慰留されていたからです。知事を1年間も不在にすることは地域に混乱をもたらす可能性もあるので、宗精はその慰留を受託することにしました。でも、知事に留まるにあたって、彼は自ら軍政府に条件を付けました。つまり知事室において、退職後企画している事業の準備をしてもいいかというものでした。「もし私がどうしても必要だとあれば、在職期間中であっても私の事業に手をつけていいかどうか、これが許されるならば公選まで協力しましょう」、と。この条件はもちろん、それを公表することも軍政府は承認しました。よって、彼は知事在任中堂々と自分の事業計画を推し進めることができたそうです。

公選に出ない背景

今の役所のモラルではあり得ないことですが、戦後間もない混乱期でかつ軍政府の管理下にある過度期であったがために、不可能も可能にならしめるというわがままが許されたのかもしれません。結果としてこれは宗精が起業する準備期間としての重要な役割を果たしました。

ところで宗精は、宮古群島知事が公選になったことを機会に、どうして公選の知事に立候補しなかったのでしょうか。彼本人によれば、その前から実業界に転身すると決めていたからだといいます。とはいうものの、警察官、民政府知事からいきなり実業界入りというのにはいくぶん飛躍があるように思います。通常、現職は選挙には有利なはずです。

一方で、選挙となると、「外様《とざま》」の立場は非常に弱いものです。彼は警察官時代を含め18年間も宮古に奉公したとはいえ、沖縄県から派遣された公務員、軍政府から指名された民政府知事で、宮古の人たちからすれば当然「外様」です。彼自身、名護警察署時代に、外様の候補に対してある種の敵対心、猜疑心《さいぎしん》をもって不正を追及していました。選挙における外様の候補者の脆弱性《ぜいじゃくせい》を十分に体験していました。

また警察官は社会の味方であるものの、すべての地域住民にまんべんなく愛される存在でもありません。正義に対して敵対する人たちが地域には必ずいます。その人たちは一般的に地域の暗部にも精通しているだけに、ひときわ選挙では暗躍し、地域住民に対する影響力を高めます。

田舎の政治になればなるほど、「ジバン」「カバン」「カンバン」の三つの「バン」が重要になります。この中でも「ジバン」（地盤、つまり地域における組織力）の力は侮《あなど》れません。宗精は「カンバン」（看板、知名度）は十分であったかもしれませんが、選挙に勝つための他の要素「カバン」（鞄、資金力）と「ジバン」は確実に地元の有力者に劣ります。とりわけ宮古は地縁、血縁が強いところです。彼は自分でもいっていますが、地元では「天皇」とも呼ばれていました。それが意味するところは複雑です。これは決して選挙に有利になる要素とは思えません。警察上がりの任命知事！公選で知事を選ぶなら、地元からと島民が一致団結して新しい有力な候補者を推薦してくることが予想されます。

想像ですが、宗精はいろいろな状況を総合的に勘案して、知事選に立候補してもおそらく勝ち目はないと判断し、早い時期から公選の知事には立候補しないことを決めていたことが推測されます。この辺の複雑な理由や背景は自伝からは読み取れませんが、結果的にその判断のおかげで、彼は企業家に転身し、沖縄の財界においてはなくてはならない人物に成長していきました。

もしその早い決断がなく、優柔不断にして、公選の知事に立候補していたならば、彼のその後の実業家、あるいは彼自身の評価にも大きく影響していただろうと推測することは難しくありません。人の運命は、また運命そのものは平等でないかもしれませんが、その方向を決める種は自分自身の足元にまかれてきているようにも思います。

企業家としての第一歩

宗精が実業界へ転身した背景には、沖縄の将来は地場産業の育成にある、という彼の強い意志があったからです。

宗精は、沖縄の産業は何といっても製糖業であるという認識から、味噌醤油《みそしょうゆ》の事業を始める前に製糖工場をつくる計画をしていたそうです。軍とも折衝《せっしょう》して実現の一歩手前まで来たときに、軍の係官が帰国になって、その話は実現しませんでした。

彼はいいます。製糖業は、「沖縄復興の基礎を築く上からもぜひ必要であり、急務だと思った。いつまでも沖縄人が『ギブ・ミー』民族であってはいけない。自分の力で生きるには、産業を興さなければならない。それには何といっても製糖業が第一である。これは沖縄の農民を救う唯一の道でもある」。

宗精は知事時代、米軍から物資や融資などを引き出すために、「あれもくれ、これもくれと軍政府にいろいろなものをねだった」と回想し、「自分は『ギブ・ミー』民族の代表選手みたいだった」と自嘲《じちょう》気味に記しています。「ギブ・ミー」は終戦後の混乱の中で生き延びなければならない悲惨な沖縄の人が考え出した屈辱的な処世術ではあるものの、その屈曲した精神構造に自分ながら腹立たしく思っていたのでしょう。悪くいえば、「ギブ・ミー」精神は「物乞《ものご》い」「物を与えてくれ」に通ずる悲しい卑屈《ひくつ》の精神の現れで、人間としての尊厳、生きるプライドを捨てることです。聡明な宗精が自分自身に、そして故郷のために、これを許すはずがありません。「補助金」という政府の飴玉に右往左往している現在の我われを、宗精は冥府《めいふ》からどのように見ているのでしょうか。

宗精の弟の宗発《そうはつ》はその頃、那覇宮城森の近くで味噌醤油工場を営んでいました。宗発と相談してこの工場を首里市（合併のため現在は那覇市首里）に移し、拡大することを計画しました。

そのため、設立されたばかりの琉球銀行に融資を頼みました。琉球銀行は1948（昭和23）年5月1日、第二次世界大戦後のインフレ抑制と沖縄経済の正常な発展のため、「金融秩序の回復と通貨価値の安定」を目的とし、米軍政府布令に基づく設立された特殊銀行です。資本金の51%を米軍政府が出資しました。

粘り強い交渉の結果、150万B円（当時の日本円約450万円）という破格の融資をしてもらいました。そのおかげで1950年11月3日、具志堅味噌醤油合名会社を設立することができました。宗精が社長、弟の宗発が工場長でした。会社は組織と社名を変えて現在「㈱赤マルソウ」として沖縄の食文化を支えています。

宗精は弟の宗発を含む出資者7人で、祖父伝来の味噌醤油業を始めることになりました。宮古知事を退任して2か月後の1950年12月でした。

飛躍の3要素

具志堅味噌醤油合名会社（現在の「㈱赤マルソウ」）を創業した後も、宗精は多くの企業を立ち上げています。沖縄人は上述の「ギブ・ミー」精神をはじめとする自己卑下《ひげ》が強く、「沖縄ではよい製品はつくれない」という先入観を持っていました。「シマーグヮー（小さい島の出、よって田舎者）」という、ある種の自己否定的な考えです。この精神構造はいまでも完全に消えたわけではありません。

こんな中ですが、具志堅味噌醤油合名会社は業績を伸ばしていきます。味噌醤油の販売が伸びて安定した要因の一つには、「掛売り」（後払いで商品を売ること）をやめ、すべて現金取引にしたことです。掛売りで品物は売れるが支払いが滞り、最終的にはお互い（売手と買手）が不仲になり、取引きもしなくなってしまう可能性があります。「現金だと一時は苦しいが、その方がお付き合いが長持ちする」と宗精はいいます。これは長い間商売人をしていた弟、宗発が掛売りを絶対に認めないことが発端でした。

二つには、沖縄の市場の90パーセントを占めていたキッコーマンの穴場であった、官公庁など（群島政府、琉球銀行、沖縄タイムス、琉球新報、米軍のＰＸ《米軍基地内だけにある購買部 Post

具志堅宗精が創業した会社のリスト

・1950 年 12 月：具志堅味噌醤油合名会社（現在の㈱赤マルソウ）
・1956 年 2 月：琉球製油合資会社（1959 年 12 月株式会社に改組）
・1957 年 5 月：沖縄ビール㈱（現在のオリオンビール㈱）
・1959 年 6 月：琉球アスファルト工業㈱
・1960 年 7 月：オリオンビール販売㈱
・1961 年 2 月：全琉球商事㈱
・1963 年 8 月：赤マルソウ商事㈱（1965 年 3 月全琉球商事に合併）など

Exchange の略》）を廻《まわ》って売り込みに成功したこと。この売り込みの成功の背景には宗精の宮使いの経験があると思われます。ことさら宮古知事としての経験と知名度が生きています。

三つは、米軍政府との交渉によって諸々の特権を獲得したことです。たとえば、１９５２（昭和27）年４月から県外醤油が全面的に輸入禁止されました。醤油の全面輸入禁止措置は、その実施1年7か月、53年10月に解かれ、それから再び自由競争に追い込まれましたが、54年9月には県外醤油・味噌に対して物品税が課され、ようやく地元業者に対する保護策が陽の目をみました。「日本やアメリカにおいても、あらゆる手段を使って、自国産業を保護育成している。灰じんの中から立ち上がった沖縄産業をこのまま放置していたのでは、沖縄の産業はいつまでたっても復興しない。ぜひとも早急に輸入規制なり、輸入禁止なり、あるいは関税なりで沖縄の産業を保護育成してもらいたい」と宗精が軍民政府のオグレスビー氏に強く訴えたことが功を奏しています。

「産業育成についての私の信念はますます強まるのみで、陳情の手はゆるめなかった」とも宗精は言明しています。この場合もまた、彼の知事時代の経験が大いに生きています。官も民も含めた80万人の沖縄県人の中で、そのとき、軍政府に直接交渉できる人物はそう多くはありませんでした。宗精はその数少ない一人でした。沖縄経済の復興において、彼が果たした役割は大きいと思います。

また軍政府の信認が厚かったが故に、彼は宮古群島知事に抜擢された事実も忘れてはいけません。だからこそ、彼は軍関係者に直接物申すこと、交渉ができたのです。

県内産業に対する優遇措置

宗精が推し進めている沖縄の産業育成は、軍民両政府が進める産業育成政策とも大まか一致するものでした。彼は続けます。「われわれが企業を興《おこ》すのは、たびたび触れるように、輸出産業を興してドルを獲得し、自給産業を興してドルの流出を防止し、雇用の拡大を図り、関連産業の振興を促し、また輸入品による独占市場を排除して、価格の安定を図り、その上優秀な製品を安く住民に提供して、ともに栄えたい祈願からである」。そして、宗精は保護育成の3条件を次のように挙げています。

1. 経済情勢にいちじるしい変化がない限り絶対に値上げしないこと
2. 品質の向上を図り、コストの低減に努力すること
3. 量産を図り、住民に迷惑をかけないこと

企業側の立場から政府に陳情する場合、この3条件を必ず付しています。また、「物品税課税は、このように一時的には消費者が犠牲になるが、終局においては住民全体のプラスとなるし、またその他事業を興すことによって法人税、勤労所得税などばく大な公課（注：国や地方公共団体が国民に税金を課すこと、またその税金）を企業体が負担し、政府財源に大きな貢献をなしていることを忘れてはならないと思う」と彼は付け加えることを忘れませんでした。

宗精はその他、沖縄のいろいろな産業育成に関わっています。たとえば彼は〝砂糖の保護育成〟を強く訴え、手弁当でこの問題に協力しています。彼の働きが功を奏したかどうかは分かりませんが、まもなく輸入糖に対する100％の課税が実現しました。これは軍民政府による島内産業保護政策の第2号でした。

また、「せっかく産業を興しても沖縄人は卑下感が強く、いくらいい製品をつくっても、容易に飛びついてくれない」と彼は嘆《なげ》いています。そこで彼は、「産業振興」「市場開発」「販路拡張」は車の両輪のようなものと訴え、年中行事として〝島内産愛用運動〟を積極的に展開しました。現代風にいうと、「地産地消」「地産地生」につながる運動ではないでしょうか。

また沖縄の産業をさらに活性化するために、1952（昭和27）年の琉球工業連合会の設立に尽力しています。この連合会の初代会長には安谷屋正量《あだにやせいりょう》（副会長具志堅宗精）、2代目会長には沖縄戦後経済界の「財界四天王」の一人、宮城仁四郎《みやぎじんしろう》、そして3代目には宗精本人が選任されています。

朝鮮戦争（1950—52年）の危険が高まるとともに、沖縄の軍事基地の重要性がさらに注目され、沖縄は米軍の極東戦略の要（Keystone of the Pacific）としての役割が急速に進みます。また第二次世界大戦を終結させるため、1951年9月、アメリカ・カリフォルニア州サンフランシスコにおいて、サンフランシスコ講和会議が開催されました。サンフランシスコ講和条約および、それに基づき独立後の非武装日本の安全保障のため、米軍の日本駐留を定めた日米安全保障条約が調印され、翌年（1952年）4月28日に発効します。これにより、連合国による日本占領が終わり、〝日本〟は独立を回復しました。

続いて奄美群島が1953年12月25日、小笠原諸島が68年6月26日に日本復帰を果たしています。しかし沖縄は1972年5月15日の復帰までの27年間、アメリカの施政下に残りました。

このような政治情勢の下で、宗精の軍政府との交渉術は彼の主導する会社だけでなく、沖縄全体の企業再建・振興にも非常に威力を発揮していました。

「好機捉え　時代拓く」

企業は〝利潤〟をあげるのは当然ですが、それが〝最終目的〟ではないと宗精はいいます。「金は、使いよう如何《いかん》で毒にもなるし薬にもなる。だから、企業家は正しくもうけて、正しく利益を使わなければならない」、と。企業経営には多くの人びとのために何かを成し遂げようとする決意が大切で、利益はその手段の一つでしかありません。

企業家には現在起きている、そしてこれから起こりうるであろう社会の変化を速やかにキャッチして、それを道を切り拓《ひら》くための好機、チャンスと捉え、挑戦する信念が不可欠です。宗精の諦《あきら》めない「なにくそやるぞ」の精神はその基本であり、また目標を成就するためにエネルギーでもあります。特に不遇逆境のときはかえってこの「なにくそ」の〝Never give-up〟の敢闘心が燃え上がるのでした。「なにくそ」の精神で苦境を乗り越え、次の挑戦のために身体も心もリセットして新しいチャレンジに向かう。これは宗精の生まれもった性分かもしれませんが、多くは彼が巡査と知事時代に体の中に染み込ませた後天的なものであると私は思います。

宗精は続けます。「如何《いか》なる高位高官、富貴の人に対しても、部下職員あるいは同僚友人、歓楽街のホステスに対しても同じ姿勢でのぞみ、常にその人格を尊重して、いささかも区別しない。……私は威張る人間ほど世の中のあほうはいないと思っているので、毛頭いばることは知らない」。

「経済」が国（世）を治め民を救済することを意味するように、〝企業家〟も世の中をよくするために存在します。会社のミッションを高く揚げればよいというものではなく、そこから生み出される付加価値が人の心に触れ、それに共鳴した人たちが集まって来るのだと思います。もちろん、経営者には高い志と徳が不可欠です。会社の社是や価値観を大切にする人が偉くならないといけません。社是や価値観を大切にする会社からでないと付加価値のある製品は生まれないし、持続的に発展することもありません。というのは「社是」(Company creed)とは、会社が是（正しい）

とするもので、会社の基本的方針だからです。

㈱赤マルソウの社是の一つは、「自己を愛し、会社を愛し、社会を愛し、そして住民とともに栄えましょう」というものです。

「社を愛する心が、そのまま社会にふりむけられて、たえず社会がよくなるように心がけなければ、その人はほんとの社会人とはいえない。いくら金をもうけてもその金を社会のために使えなかったら、その人は人間的にだめである。社会福祉の向上ということは今日の沖縄の政治の大きな課題である。……社会の繁栄とはすなわち『住民福祉の向上』であり、これは民主主義社会の鉄則である。ところで、そうかといってこれをすべての為政者におっかぶせるのは真の民主主義社会人とはいえない。……社会のために働く、よき隣人になる。そしてみんなとともに栄えていく。この心がけがなければ、明るい社会、住みよい環境はつくっていけない。これはひいては世界平和の道にも通ずることである」と宗精は書いています。

一企業の繁栄から社会貢献、住民福祉、そして世界平和へと夢が膨《ふく》らんでいきます。このような志望を語れる人は私たちの周りにそう多くはいません。この高い志が社員を励まし会社を支えます。〝Think globally, act locally〟（地球規模で考え、足下から行動せよ）を正に地で行っているのが宗精でした。

セメントとビール

米軍は1952（昭和27）年の講和条約後、「契約権」（52年11月）および「土地収用令」（53年4月）という布令を布告して、沖縄の土地を暴力的に接収することを進めました。

奄美群島の日本復帰が実現（1953年）した後、米軍の極東軍事戦略における沖縄の軍事的価値は相対的に高まってきます。沖縄はまさにそのためのキーストン（要石）なのです。この流れは沖縄の経済的自立をいっそう遅らせるものであり、沖縄人の「ギブ・ミー」精神をさらに助長するものでしかありません。宗精は沖縄の将来に対してますます不安が募るばかりでした。宮古知事を退任してから7年が過ぎようとしていました。その間に、ことさら知事時代の経験を生かして、いくつかの会社の事業化を進めていました。

宗精がビール企業を興すことを決意したのは1956（昭和31）年初めごろです。この当時、組織上沖縄を統治していたのは琉球列島米国民政長官（J・E・モーア少将、在任期間1955年2月9日～57年7月3日）で、実際の現地統括責任者は民政副長官（ライマン・L・レムニッツア大将、同1955年7月2日～57年7月3日）と民政官（ポンナ・F・バージャー准将、同1955年8月4日～59年6月30日）でした。

このバージャー民政官が1956年の琉球商工会議所の総会の席上で「次に残された沖縄の事業はビールとセメントである」という演説をしています。なぜこの二つなのでしょう。

沖縄にはセメントの原料である石灰石が多いことや、台風に備えた住宅建設のためのセメントの需要が高い。さらに当時は土地接収によって米軍基地建設が進められ、建物や道路などインフラの整備も急務でした。よってセメント企業の将来性は理解できます。実際、1959（昭和34）年10月に、琉球セメント㈱（宮城仁四郎社長）が設立され、5年後に工場が現在の名護市屋《や》部《ぶ》に完成、操業を開始しました。

ビールについてはどうでしょう。沖縄は亜熱帯特有の、夏は暑く湿度が高いという気候からいって、ビールはまさに沖縄の飲み物といっていいでしょう。しかし、ビールは嗜好品《しこうひん》であり、当時でいえば贅沢《ぜいたく》品でもありました。しかし、1954年から57年にかけて、日本では神武《じんむ》景気（注：神武天皇以来の好景気ということから）と呼ばれる好景気の中でした。また沖縄では、軍用地料・軍労務の賃金アップ、砂糖輸出の好調、米軍海兵隊の沖縄移動に伴う軍工事などが相まって、県民の生活水準も向上し、ビールや洋酒などの嗜好飲料の輸入が促進されるようになっていました。ここにビール市場ができました。実際アメリカビールは軍基地内だけではなく、県内でもかなり出回っていました。

しかし、ビール工場を興すほど、沖縄の技術力は高くありません。これを考えても、バージャー民政官の「ビール」の提案は極めて突飛《とっぴ》なものです。でも民政官は、ビールは沖縄県民に希望とやる気を与えるというソフト面で大切だと考えていたようです。

宗精にとってバージャー民政官の言葉は、神のお告げ、自分の企画を進める上で大いに勇気づけられました。その背景には、①㈱赤マルソウで味噌醤油という酵母《こうぼ》に関係した製品を扱っていたこと、②その関係で日本本土に技術関係の手づるがあること、③弟からの進言もあったこと、④製粉業のように軍が輸入規制できる環境にありそうなこと、――などがありました。これらが上手くいけば何とかなるのではないだろうかと彼は考えました。

またバージャー民政官は上記の琉球商工会議所の会場で、「民政府もこれに対する協力を惜しむものではない」とも述べています。民政府のカーピントン銀行課長やサムエル・オグレスビー氏（詳細は後述）など、沖縄の産業育成に協力的な人がその頃民政府にいたことも功を奏しています。

とはいえ、まだこの当時は暗中模索でした。宗精自身「高度の技術と、多額の資金を要するビール企業は、企業経験の浅い私にとって、なかなかの難事業に違いない」と記しています。しかし宗精は好奇心旺盛にして一度思いついたら実行しないと気がすまないチャレンジ精神の持ち主です。宮古知事時代の軍政府との対応や、㈱赤マルソウでの醤油味噌の課税対策などを通じて、軍政府との折衝の経験があったので、ビールにも同様な課税対策および輸入規制の措置を軍政府にお願いできると確信していました。仮に輸入規制が難しいとしても、努力次第では、ビール企業の生命の切り札である販売を拡張して生き残れる自信が芽生えてきていました。

超一流の専門家を狙え

宗精はビール事業の準備のために、１９５６（昭和31）年春に上京し、技術移転の可能性を探ります。沖縄県内にはビール事業の技術もマンパワーもないので、本土の技術者に頼るしかありませんでした。しかし、キリンやアサヒなどの大手老舗《しにせ》の企業の下請けはしたくない、独立した会社を興したい。沖縄の地場産業、第２次産業を興すことを標榜《ひょうぼう》しているかたわら、本土の老舗の子会社になる下がるのでは、彼のプライドに関わる——そんな思いで悩んでいました。

子会社ではなく、条件が許せば本土のビール会社と技術提携をする予定でしたが、様々な難問が挙がって結局この提携話は実を結びませんでした。そこで酒の世界的権威者である東大の坂口《さかぐち》謹一郎《きんいちろう》教授（１８９７〜１９９４年。日本の農芸化学者、発酵・醸造に関する研究の世界的権威の一人、「酒の博士」として知られた）を最初に訪ねました。しかし、彼は酒の学問は知っているが、実際の技術は知らないということで、彼の先輩である坂口重治《しげはる》氏を紹介されました。

坂口重治氏は東大農学部農芸化学科出身でキリンビール横浜工場長の経歴をもつビール界の権威者で、その坂口氏を常務取締役工場長として招へいすることが決まりました。彼は名護の水質調査をして、本土のビールに勝るとも劣らない製品ができると太鼓判を押し、本土のビール会社の協力も必要なし、と発起人会で進言しました。そこで工場の建設に着手しました（日本本土の老舗のビール会社の技術担当重役などはそのとき、沖縄の水質が悪いとか、その検査に1年以上かかるとかなど、いろいろな横やりを入れて来ていました）。

さらに東京農業大学の住江金之《すみのえきんし》教授（１８８９〜１９７２年。熊本県御船町出身、昭和期の醸造学者、東京農業大学名誉教授、東京帝国大学農芸化学科卒農学博士。こちらも「酒の博士」として親しまれた）にも技術移転の相談をしたところ、自分の研究室の若者（浮島・森川・戸口・田辺：詳細は後述）を紹介してもらいました。さらに倉石忠雄元農相の紹介で吉田義雄氏（後述）が加わります。

ビール醸造を始めるにあたって、まず世界の一流の専門家に目つけ、徹底的に指導してもらうというのが宗精のスタンスです。そのつてを開発する力も能力も彼には備わっていました。彼は警察官として養った自分の目を信じて、世界の権威者といわれる人たちのところにも臆《おく》することなく相談に行っていました。この心構えも何か新しいことを始める上で大事な要素の一つです。

沖縄復興のために

いよいよビール事業を本格的に進めるために、1956（昭和31）年9月14日に発起人会、57年5月9日に創立総会を開き、宗精は社長に就任しました。オリオンビール㈱の前身にあたる沖縄ビール㈱は、1957（昭和32）年5月18日資本金5000万円（軍票B円）で設立されました。

宗精は自伝の中で当時の状況について、こう述べています。「沖縄の現状をみるに、輸入1億9500万ドル、輸出6700万ドルでものすごい輸入超過によるアンバランス経済である。そしてこの不足分は基地経済で賄《まかな》っている。アメリカ軍は沖縄の基地が必要である間は、たとえ尻に火をつけても帰らぬであろうし、用がなくなればさっさと引き揚げてしまうことは、火を見るより明らかである。彼らの引き揚げたあとは、基地収入はなくなってしまう。あるいは、日本復帰になって、日本政府の補助金で食っていけることもできるだろうが、基地収入にせよ補助金にせよ、いずれにせよ私たちの好まざることで、できるなら自給経済の線に持っていく、いや少なくともそれに近づくように努力しなければならない。そのためには輸出産業を興してドルの獲得を図り、自給産業を興してドルの流出を防止するか、大量移民政策によってドルを稼ぐ以外にない」。

そして彼は続けます。「子孫繁栄のためにも、高度の技術を要するこのビール企業が、はじめから難事業ではあるとわかりながら、彼も人の子われも人の子、断じて行なえばやってやれぬことはないと、覚悟を決めて取り組んだわけである。また、われわれ沖縄人は、私も含めて積極果敢な精神がいささか乏しいように感じられるので、次代を背負う若い人たちにこの積極果敢な精神を示して、彼らが沖縄人としての自信と誇りを持ち、沖縄の復興はもちろん、社会国家のために大いに貢献してもらいたいという念願もあったからである」。

この宗精の言葉は、彼の心底からの叫びに等しい。彼は、沖縄とその県人の未来を本当に憂いています。だからこそ、その叫びは今に通じるものがあるのです。宗精は自分が愛する故郷、沖縄をどう設計し、その荒畑《あらはた》を、そして戦後をどう立て直すかに心血を注ぎ込んでいました。彼に続く若い世代がこのプロセスを通じて、沖縄という狭い地域だけでなく、沖縄を取り巻く広い社会国家のために貢献してほしいと彼は心から願っています。

名護の水

ビールの全成分のほぼ9割を水が占めています。そのため、水がおいしいところでないとおいしいビールはつくれないとされています。よってビール造りは、まずは水がおいしい土地を探すところから始まります。

沖縄はサンゴ礁が隆起した島なので、沖縄の水はアルカリ質の硬水が主流で、ビール醸造に最適な軟水が取れないというの一般的でした。しかし、名護では「やんばる」の山から幸地川《こうちがわ》に流れる清流で磨かれた軟水が取れそうだということがわかりました。ビールの権威、坂口重治氏がその水質を調べて太鼓判を押したことは前記しました。

名護町（当時）は町長を先頭に街ぐるみで誘致を支援したこともあり、沖縄ビール㈱では、名水で有名な名護に工場を建設することを決定しました。しかし工場の敷地確保は難渋します。将来の拡張のことなども考慮して3万3000平方メートル（1万坪）はどうしても確保しなければなりませんでした。幸地川が名護湾に注いでいるので、水路確保の観点から、名護城《なんぐすく》の入り口にある沖縄県立農業試験場名護支場や沖縄県糖業試験場名護試験地、沖縄県立北部農林高等学校敷地跡の敷地が最適とみなされ、琉球政府に分譲を要請しています。

その要請の記録が沖縄県公文書館に所有されています。その記録によると、「当間（重剛）主席、経済局長ら帯同、沖縄ビール㈱から分譲陳情のあった名護農研支所敷地を視察」（1957年6月2日）。しかし、「既設政府の土地を削減する必要は認められない」との理由で申請が却下されました。新聞社が翻意《ほんい》を促す社説を掲載しましたが効果はなく、土地分譲は断念されました。よって、「沖縄ビール会社敷地については、名護農研所用地に触れず民有地六千余坪にとどめる事に最終決定さる」（同年6月25日）。候補地隣の私有地約６０００坪を新たに購入して工場用地にすることが決まりました。

沖縄財界の四天王

工場敷地が確定し建設工事が始まりました。工場用地の整地作業は㈱国場組（社長国場幸太郎《こくばこうたろう》氏）および工事は㈱大城組（社長大城鎌吉《かまきち》氏）が請負いました。その節の沖縄の民間工事では最大のものでした。お互いにライバル意識も強かったと思われますが、戦後の苦難の時代をこのようにお互いに持ちつ持たれつで成長していきました。

国場氏と大城氏、琉球セメント㈱の宮城仁四郎《じんしろう》氏、具志堅宗精の４人は「沖縄財界の四天王」と呼ばれ、１９７８年3月12日ともに第1回沖縄県功労賞を受賞しています。生年月日でいくと、具志堅宗精１８９６年、大城鎌吉１８９７年、国場幸太郎１９００年、宮城仁四郎１９０２年の順です。４人はほぼ同世代で全員が長生きでした。享年、具志堅１９７９年83歳、国場１９８８年88歳、大城１９９２年95歳、および宮城１９９７年95歳でした。

「沖縄財界の四天王」と呼ばれるのにふさわしく、４人は終戦直後に40代という働き盛りを迎え生涯にわたり沖縄の産業界を引っ張ってきました。しかしオリオンビール㈱を興したとき宗精は61歳でした。そういう意味で、4人の中で、企業家としてのスタートは宗精が一番遅いことになります。

これらの四天王についてもっと続けます。宗精（那覇市垣花生れ）を除いて、3人とも沖縄「やんばる」の出身です。大城鎌吉・宮城仁四郎両氏は大宜味村生れ、国場幸太郎氏は国頭村生れです。大城氏は国頭尋常高等小学校を中退し、1920年23歳の若さで大城組を設立し、現在㈱大城組は、土木・建設業で県内最大手となっています。国場氏は地元の高等小学校卒業後、12歳で大工見習の奉公に出て、17歳で棟梁《とうりょう》となり、東京の建設会社で働いた後、1931年に沖縄県で国場組を創設。1946年米軍の港湾荷役作業を始め、米軍基地、民間、官庁の建設工事などを手がけ、1968年国場組を株式会社に改組。宮城氏は、あの時代沖縄では稀有な旧制七高鹿児島農林高等学校（現在の鹿児島大農学部）に入学、農芸化学を専攻。戦後は製塩業をはじめ、タバコ会社、セメント工場、パイナップル工場などその生涯に多くの産業を興し育成しました。

これらの4人のうち、いわゆる大学卒は宮城氏一人だけです。これだけ見ると企業興しと学歴は必ずしも関係がなさそうです。いろいろな事例はあるでしょうが、官吏《かんり》（公務員）ならともかく、企業で成功するかどうかと学生時代の成績はあまり直接的な関係がないかもしれません。むしろ学校を卒業した後の人生で、夢や希望、志などをもってどの程度努力したかで決まるような気がします。「学校で学んだことを一切忘れてしまった時に、なお残っているもの、それこそ教育だ」、とドイツ生まれの理論物理学者アルベルト・アインシュタイン（1879〜1955年）はいっ

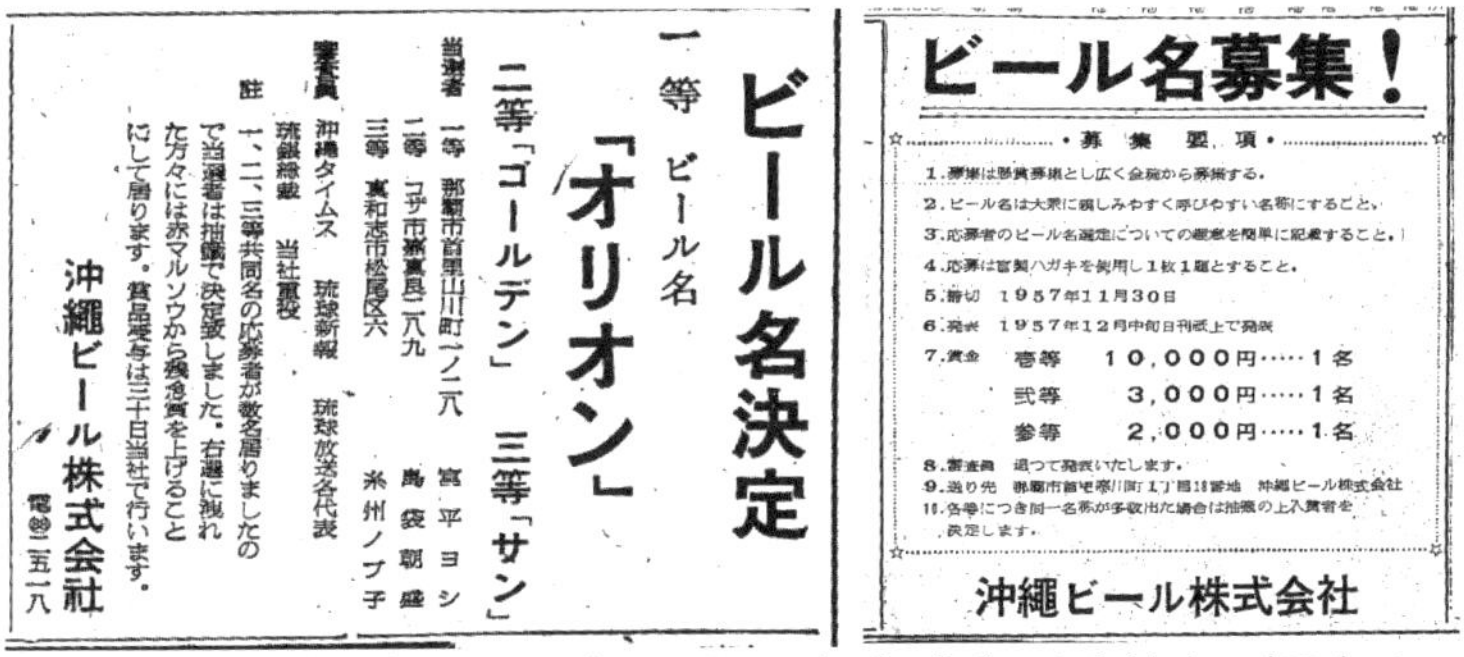

「ビール名募集」（右、1957年11月1日）と「ビール名決定」（58年1月30日）の「沖縄タイムス」掲載広告

ています。まさに人生は「学校で学んだことを一切忘れてしまった」後からが勝負なのです。また人の人間としての真の評価はその人が「無冠」になってからどのような生き方をするかで評価されると私は思います。「学生時代」に自分が優秀だったとか、自分の過去の「肩書」などに呪縛されている人の人生は、ある面、悲劇ではないでしょうか。

4人に共通するのは戦後の灰《かい》じんの中から裸一貫で立ち上がる、逞《たくま》しいそして折れない闘魂精神です。具志堅宗精がいう「なにくそやるぞ」の精神が4人の成功の源泉であったように思います。その他にも沖縄が誇る戦後「沖縄財界の四天王」から学ぶことがたくさんあるような気がします。少なくとも私はもっと学びたいと思います。

公募でビール名決定

1957（昭和32）年5月に設立された沖縄ビール㈱。社長である宗精は、販売するビールの商品名を公募するという奇想天外なアイディアを思いつきます。

同年11月1日、沖縄の主要新聞の朝刊に、「大衆に親しみやすく呼びやすい名称」に対して懸賞金付きの募集広告を掲載しました。賞金は1等B軍票1万円（83ドル40セント）、2等B軍票3000円（25ドル）、3等B軍票2000円（16ドル70セント）でそれぞれ1名ずつでした。1等賞金は現在の価値に換算すると40万ほどになるそうです。

賞金が高額だったこともあって2500通余りもの応募が寄せられ、823種類の名称が提案されました。そのうちから810種類がふるいにかけられ、沖縄の特殊性や対外的なアピール度を考慮して審査の結果、「オリオン　Orion」が1位に選ばれました。選定の理由は、

・オリオン座は南の星であり沖縄のイメージにマッチしていること
・星は人々の夢やあこがれを象徴すること
・当時沖縄を統治していた米軍の最高司令官の象徴が〝スリースター Three Stars〟であったこと

でした。

「オリオン」はもちろん星座のオリオン座から命名されたものです。オリオンは、非常に明るい恒星（ラテン語 asteres aplanis、日本語の恒星は英語 fixed star の和訳で、太陽と同様にみずから光を放っている）によってできています。東雲《しののめ》に現れるオリオン座付近が彗星《すいせい》の通り道、そして何かの星を探すときは、まずオリオン座から。沖縄では、オリオンのベルト部分にあたる三つの星を「黄金三星」（こがねみつぼし、クガニミチブシ）と呼び、神が住む星とされています。宗精の

胸には、そのときの軍政府に頼ることなく、自らあがいて苦労して、天空でもっとも明るい光を放つようにとの願いがあったのではないかと、私は想像するのです。

当時は名護工場の建設中で、会社の財務は大変な頃だったはずです。そんな中での高額の公募は話題づくりという戦略もあったはずですが、「沖縄県民のためのビール」を作るのだという宗精の心意気も込めたものだと思います。ここで、財布の紐《ひも》をしめすぎていたら、東雲のオリオンも輝かなかったでしょう。この決断がオリオンビール㈱を今のものにしていると思います。これは、その60年以上の歴史の中であった多くの運命の分かれ道の重要な〝事件〟の一つであったのではないでしょうか。

ビール名発表から約1年半後の1959（昭和34）年5月にビール販売が開始され、その翌月には会社の名前もオリオンビール㈱に変更されました。沖縄で最初の、そして現在まで唯一のビール会社です。

二つの暗雲——社長の病気と工場長の急逝

名護工場が完工する予定の数か月前の1958年9月22日に、会社の胎動《たいどう》期から献身的な働きをしてきた坂口重治氏が急逝しました。宗精はじめ役職員一同愕然《がくぜん》としました。大ピンチを迎えました。

不幸は重なるもので、その頃、宗精は胃潰瘍《いかいよう》（最初胃がんが疑われた）で胃の3分の2を切り取る手術を終えたばかりでした。起業したての会社に、二つの大きな暗雲が深くたちこめていました。

そこで宗精は病後の身に鞭打《むちう》って、後任人選のため急遽上京しました。三菱商事の協力で、東大工学部応用化学科出身、キリンビールの元工場長・沢田武治《さわだたけはる》氏を新工場長として名護に招致することに成功しました。しかし沢田氏自身は醸造の専門家ではなく、どちらかといえば、ビールの輸送や保存に適した容器、つまりビール瓶の加工・生産などの職人・技術者でした。そこで、沢田氏は1958年11月29日、キリンビール時代に彼の下でかつて働いていて、すでに退職していた醸造の技術者伊藤格、阿孫子栄、渡辺長太郎、庄司友三郎の4氏、および吉田義雄氏の推薦のあった冷凍関係の技術者、西條省三氏を名護工場に呼び寄せました。5氏はほぼ1年間ビール醸造の準備を行います。

同年3月には、東京農業大学学部時代から住江金之研究室に出入りしていた、沖縄出身の外間政吉氏（後にオリオンビール㈱7代目工場長、現在光文堂コミュニケーションズ㈱監査役、1933年〜）が卒業と同時に帰省していました。上述の、住江研究室の諸先輩の受け入れの準備のためです。その諸先輩とは、浮島明進氏（後に第5代目工場長、同社副社長、現在公益財団法人名護市観光協会顧問、1927年〜）、森川豊氏（後に第6代目工場長、現名護自然動植物公園㈱常勤監査役、沖縄県文化協会顧問、1929年〜）、徳地俊春氏（宮崎大学農芸化学出、1929年〜）、および田辺成昭氏（専修大学商経学部卒、沖縄ビール㈱では経理担当、1929年〜）です。

工場の発電設備完成直後（1958年8月）。富永寛二（左）、吉田義雄（左から2人目）、浮島明進（右下）など当時のメンバー（『オリオンビール50年の歩み』より）

8月、これら20代前半から後半の5人は、灰じんに帰した沖縄の復興のためにと意気揚々と新天地に飛び込んできました。実際、森川氏は日本の最北端北海道釧路の出身です。これらの若者こそ、ビールをつくるための、いやオリオンの稼業の初めに献身的に尽くした、重要な縁の下の力持ちでした。

また、坂口氏の紹介で技術員、吉田義雄氏（後に第3代オリオンビール㈱社長）が上記の4人と一緒に来沖しました。吉田氏は醸造ではなく、電気、機械に詳しい技術者でした。

沢田武治新工場長の下、伊藤・阿孫子・渡辺・庄司・西條・浮島・森川・徳地・田辺・外間・吉田の諸氏がそれぞれ醸造・電気・機械・経理などの技術者として会社の創設期を助け、沖縄でのビール開発の立役者となりました。若いひとたちのエネルギーとベテランの老練な技術と指導力が上手くミックスして、新しい「液体のパン」（麦の粥《かゆ》が自然発酵したのが起源といわれていることから、中世ヨーロッパではビールをこのように呼んだ）が沖縄の人たちにまもなく届けられようとしていました。

創業時のラプソディ（狂詩曲）

ビールが醸造されるまでには、それぞれ独立した、いくつものプロセスを経て、かつそれが連携しなくてはならず、そのためには熟練した技術者が必要です。しかし、その頃の沖縄には、使える技術者は限られていました。また技術を獲得したかと思えば、給料が安いこともあって辞めていく人が後を絶ちませんでした。それを補充するだけでも大変な仕事。さらに当時は、ビール会社大手同士の競争が激しく、ビール醸造に関する教科書やガイドラインなどは外に出ていませんでした。沖縄は地理的にも不利で、東京近辺に多い醸造の専門家にもなかなか会えるものではありませんでした。よって、高価な洋書を翻訳して、指南書にして部下に配布することも少なくなかった、と浮島氏は振り返っています。

「郷土の若者に勇気と希望を与えたい」という具志堅宗精の切実な思いで創業された沖縄ビール㈱（後のオリオンビール㈱）のために、そして沖縄の復興に少しでも役立てることができればと、北は北海道から九州までの若い5人衆が必死の思いで南の島に赴任してきました。東京から2日がかりで到着した名護の街にはまだ工場はなく、その敷地になるらしい水田が広がり、カエルが合唱していました。

そこから創業時ならではの波乱に満ちた壮絶な物語が始まりました。南国沖縄のメロディとそれぞれの出身地のメロディを自由奔放に奏《かな》でてメドレー（medley）のように繫《つな》ぎ合わせて、明日の新しい沖縄を創造するという期待だけがこれらの若者を突き進ませる大きなエネルギーでした。そして、「怒濤《どとう》のごとく駆け抜けていったあの時代には日々、多くのドラマが生まれていた」（オリオンビール㈱60周年記念誌編集委員会編『60年の歩み』、２０１８年）。

この60周年記念誌に登場する４人の方がたに、創業時のドラマを、ラプソディを再び語ってもらいます。掲載をご承諾いただきました記念誌の編集委員会に感謝申し上げます。

歴史は一般的に勝者のものですが、正しく正確に伝承されなければなりません。また、私たちのごく周りの歴史や物語などについても小さい頃から自然に身に付けられるような文化を構築することが大切だと思います。生まれ育ったところの空気を自然と吸い込むように、私たちはその文化・歴史なども、次世代の人たちが常に肌で感じつつ成長できるようにすることも重要です。そこには未来へのヒントが必ずあります。

オリオンビール㈱もまた60周年の節目を迎え、創業当時のラプソディの中に将来への新しい手掛かりを発見するでしょう。また私たちは類いまれな企業家精神と哲学を備えた具志堅宗精を近くの郷土にもったことを誇りに思うと同時に、多くのことを彼から学ぶことができます。

残念なことに、現在の名護警察署員がほぼ80年前（１９４１年）、具志堅宗精がその署長であったことを知っている人はほとんどいません。彼がオリオンビール㈱を創設したということを知っている人は少なからずいます。それはそれぞれの署員の勉強不足ではなく、貴重な民衆史・地方史を引き継がない郷土の文化に何かしらの問題があるのです。

さて、30歳手前にして東京から来県した5人衆の一人、浮島明進氏のラプソディから始めることにします《創業ラプソディ（狂詩曲）1》。続いて、そのとき24歳にして具志堅宗精に見いだされ、若い5人衆を迎えるために住江研究室から引っ張ってこられた、もっとも生え抜きの外間政吉氏《狂詩曲2》、そして第1期社員比嘉良雄氏（後にオリオンビール㈱代表取締役副社長、現在の名桜大学理事長、光文堂コミュニケーションズ㈱取締役会長、1936年〜）《狂詩曲3》、そして、初代社長専属秘書で現下、「琉球学」を研鑽《けんさん》されている山田義実氏（現在第一総合企画㈱取締役、1937年〜）《狂詩曲4》に逐次《ちくじ》登場してもらいます。

これらの狂詩曲の中に、オリオンビールだけでなく、私たちの未来を拓く手がかりがきっとあると私は信じています。

創業ラプソディ（狂詩曲）1

具志堅宗精さんの思いを信じて―沖縄復興のため、5人の技術者を沖縄へ

僕はもともと東京農業大学の住江博士の研究室で、今でいう発泡酒を造る研究をしていました。ビールの原料は大麦ですが、当時は戦後すぐで、大麦は食料として果たす役目が多かった。それに代わる原料でビールを作りなさいということで、比較的簡単なサツマイモを活

用していたため、酒税法上、発泡酒となったわけです。そのまま大洋醸造という会社に入り「ミリオンビア」という名で売り出したんですが、徐々に時代が本物志向になり、会社は解散。具志堅宗精さんが「沖縄でビールを造るために技術者を探している」と住江先生の元を訪ねたのはそんな時でした。その目に留まったのが私に加え、吉田義雄、森川豊、徳地俊春、田辺成昭の5名の技術者。僕らは最初、沖縄のことは何もわからないからすぐに返事はしませんでした。そのうち具志堅さんが会いたいと東京に来られて、戦前、戦中、戦後の沖縄の話を聞かせてくれたんです。その時、日本で唯一戦場となってしまった沖縄の皆さんが苦労されている話を聞いて「沖縄の復興がビールを造ることで叶うならば沖縄に行こう」と、5人とも決意しました。

1959年にオリオンビールの製造開始を果たすのですが、世間は「沖縄でビール造りは無理だ」という声がほとんどでした。その理由は亜熱帯の気候。ビールを造るには低い温度が必要で、相当な技術と資金を要したのです。製造技術についても、ビールについての書物がない時代ですから、給料1カ月分に相当する高価な原書を輸入して、翻訳したものを資料にしていました。また売り上げを伸ばそうにも輸入ビールが強く、米民政府が輸入規制をかけると約束したものの、急遽破談に。しかしキャラウェイ高等弁務官のはからいで当時アメリカ第3位の大手ビールメーカー・フォルスタッフ社による企業診断が行われ、将来有望であるとの評価を得たのが救いでした。さらに品質改善についての技術的助言を得たことで現在の味へモデルチェンジする転機にもなりました。

僕が具志堅さんを尊敬するのは、先見の明がある点。「沖縄でビールは売れるはずだ」という読みと「なにくそやるぞ」の精神が今の発展を築いたと思いますね。

（浮島明進　元取締役副社長）

創業ラプソディ（狂詩曲）2

いちからビール造りを学ぶ──オリオンを広める夢を見た、楽しい時代

私は東京農業大学で発酵学を学んだ後、1958年3月にオリオンビールに入社しました。配属先の名護工場はまだ建設中で、完成間近の工場にビール製造の機械類を設置したのが現場の初仕事でした。

入社した年の11月、2代目の工場長に麒麟麦酒出身の沢田さんが就任されました。そのとき、麒麟麦酒の職長クラスの技術者を5～6人連れてこられ、毎日、彼らとユンタクしながら、いちからビール造りを学びました。

しかし、当初は売れ行きが伸びず、技術者の私たちもコザの繁華街へ営業に繰り出しました。毎晩10ドルほど持ってバーなどに出向き、オリオンビールを注文するんですが、同じ店

に3回ほど通うと、かならずオリオンビールを置いてくれるようになりましたね。帰宅は深夜3～4時ごろ、そして朝の8時から工場勤務という日が長く続きました。

でも楽しかったです。日ごとにオリオンビールを置いてくれる店が増えるし、ビールを飲むのが大好きだったので。今から思えば、我慢の時代でしたが、それがエネルギーになっていたと思います。

社員が人海戦術で営業を続けたおかげで、その後は毎年、倍々で生産量が増えていきました。工場の設備も追いつかなくなり、配管工事など自分たちでできることは、みんなやりました。そういう作業も、苦になりませんでしたね。

私が31歳の時、米民政府の指導で、ビール製造技術の研修のため、米国に派遣されることになりました。私はこの機会をチャンスと捉え、ヨーロッパにおけるビール事情も視察したいと具志堅宗精社長にお願いし、了承されました。米国、ドイツ、フランス、イギリス、デンマーク、イタリア6カ国の視察で広い世界を見聞し、大きな感銘を受けました。

いろいろ苦労はありましたが「どこに行ってもオリオンが出てくる時代にする」という夢があったから、楽しさのほうが勝っていましたね。

私が工場長の時に、品質管理の国際規格ＩＳＯ９００１と、環境マネジメントのＩＳＯ１４００１を取得しました。60周年を迎え、これからも技術や情報を共有し、さらに大きな夢に向かって進んでもらいたいと思います。

（外間政吉　第7代目工場長）

創業ラプソディ（狂詩曲）3

オリオンビール第一期社員として—間近で感じた創業者・具志堅宗精の才覚

創業者・具志堅宗精翁は実直で多面性のある、魅力的な人物でした。１９５９年５月の発売当初、オリオンビールは「苦すぎる」「値段が高い」という批判にさらされました。苦しい中で翁は消費者に二つの約束をしました。一つ「皆さまのお口に合うビールを造ります」。二つ「皆様がご愛用、ご協力下されば必ず値段を下げます」。それを実行したのが「びん詰生ビール」の発売と二度にわたる値下げでした。消費者と正面から向き合い逃げずに問題を解決する姿勢、感動しました。

別の面として、沖縄戦時の那覇警察署長という責任ある身でのありながら生き残ってしまった罪の意識を負い続けていた人でした。戦争終結を目前に自決を覚悟、銃口をくわえたが不発、生き延びてしまったことを恥じていました。そんな自分にできることは、亡くなられた方々を祀って差し上げることだと、自費で護国神社本殿を造営したのをはじめ、戦争で破壊された首里・円鑑池《えんかんち》の弁財天堂《べんざいてんどう》の復元、また社会福祉事業万般に渾身の努力を払っていました。

もう一面、ユーモラスな話題も。創業当時「ビール戦争は桜坂を制する者が勝者」といわれていました。毎晩5～10軒、飲みながらの訪問セールです。翁も先頭に立っていました。ある年の暮れ、「クラブ富士」での話。翁「比嘉君、チップをあげるとみんな喜んでくれるね」私「それはそうですね」翁「そうだ、みんなにあげたらどうだろう」私「この店、総勢50～60名もいますよ」翁「いや、桜坂全員にだよ」。驚きましたね。その場で調査命令が下り、翌日社交組合に出向き協力を要請しました。ですが各店ごとの従業員の名簿づくりは難渋、半分ほどしか集まりませんでした。ひとまずその分だけ祝儀袋に1ドル紙幣を入れ配ったところ、もらえなかった店から声が上がり、サア大変、組合は緊急総会を開き役員全員が首里寒川の本社に陳情とあいなりました。翁自らが対応し「よくわかりました。皆様のご要望通り再調査をして全員にもれなく差し上げます」と約束。それがきっかけとなり桜坂のシェアが大幅にアップし、その勢いは沖縄中に広がりました。翁はただひとことだけ言いました。「ウン、よかった、想定内」と。

（比嘉良雄　元代表取締役副社長）

創業ラプソディ（狂詩曲）4

創業者・具志堅宗精の遺志を継ぎ―三ツ星のごとく永遠に輝き、生き残る企業に琉球大学の4年生だった1960年、私はマーケッティングリサーチの権威の教授の下、リーダーとしてビールの調査を実施しました。オリオンビールが発売された翌年です。その分析結果を大学祭で報告した際、具志堅宗精さんが私の発表をご覧になっていたんです。発表後、ある教授から「オリオンビールの社長が君の発表を見ていたよ」と聞かされ、大急ぎで追いかけて、お礼を述べました。その頃、私はすでにアメリカの銀行への就職が内定していましたが、後日、具志堅さんから「オリオンを受験するように」と大学に連絡がありました。受験の結果、本社採用が決まり、オリオンビールに入社しました。

入社3年目に具志堅さんから専属秘書にと直接指名され、それから二人三脚の日々が始まりました。身だしなみに気を遣う具志堅さんの散髪をしたり、趣味の囲碁の相手になったりもしましたね。

また、大変な読書家で、歴史書などから多くのことを学ばれていたと思います。口癖のように言っていたのは「彼も人の子、我も人の子」。人にできて自分にできないことはないと、いつもがむしゃらに働いていました。この「具志堅イズム」とでもいうべき姿勢に薫陶を受けました。

「桜坂を制するものは沖縄を制する」と、具志堅さんが先頭を切って回った桜坂のローラー作戦にも同行し、毎晩、市場調査を行いました。当時の桜坂は政府の要人や企業の経営者らが集う沖縄社交街の殿堂で、キャバレーとクラブが18軒、バーが450軒もありました。

1日15〜20ドルの費用をかけて1晩に4件ほど回り、店の外に置いてある空き瓶までチェックして調査しました。その報告書を作成し、翌朝10時からは具志堅さんが座長を務める報告会を行い、日々対策を練りました。

具志堅さんが掲げた経営理論の中で最も大切にされていたのは「オリオンビールは、全県民の財産として成長するべきである」でした。

60周年を迎えた今、創業者の教えを直接受けていない世代の社員も増えていると思いますが、彼の遺志を継いだ経営者がオリオンビールを守り抜き、永遠に三ツ星のごとく輝き生き残る企業であってもらいたいですね。

（山田義実　初代社長専属秘書）

首里高校、甲子園で善戦

話は名護ビール工場が稼働し始めた1958年に戻ります。この年は、全国高校野球大会第40回大会を記念して初の1県1代表が採用され、首里高校が夏の甲子園に初出場した年で、県民は湧いていました。

8月9日（土）、沖縄タイムスの夕刊は、「仲宗根主将　堂々たる宣誓／感激にひたる首里高ナイン」という見出しで、首里高校の仲宗根弘主将が選手宣誓する様子と入場行進するチームの姿を写真入りで報道しています。同日の第3試合で福井県代表の強豪、敦賀《つるが》高校相手に首里は0―3で敗れたものの、善戦と評されました。翌日（日）の朝刊では「ラジオ囲み一喜一憂」の見出しで、国際無線電話を利用して放送されたラジオを取り囲んでいる高嶺朝健投手の家族の写真を掲載しています。当時10歳の私もほとんどのウチナーンチュと同様ラジオに釘付けになっていました。

いろいろな点でその頃、沖縄と本土とは格差が大きかっただけに、応援する側の県民の気持ちは複雑でした。大敗して沖縄の「恥」を本土に晒《さら》すのではないかという不安の方が大きかったのです。ただの高校野球ではないかと思われるかも知れませんが、これまでの歴史的背景や現実の間の相克《そうこく》において、沖縄県民は本土に対してコンプレックスを持っていました。それが野球を通じて全国に曝《さら》け出すのが本当は怖かったのです。

首里高校の善戦は、沖縄県民の心を大きく揺さぶり、野球を超えて、沖縄の人たちに勇気と希望を与えました。一方でそれは、沖縄の現実を日本国民につきつける重要な機会ともなりました。首里高校の選手は他県の者と同様に、記念の甲子園の土を袋に詰めて故郷への途につきます。しかし、那覇港の税関で植物防疫法に引っかかり、甲子園の土は検疫官に没収され海に捨てられました。沖縄がまだ「外国」であるという現実に引き戻された瞬間でした。

一方で、暗いストリーの裏には、明るいニュースもありました。そのことを知った日本航空の客室乗務員近藤充子さんが、客員乗務員という職業上、石は植物防疫法の対象外であることを知っていたので、甲子園の石を桐の箱に詰め首里校ナインに贈りました。この甲子園の小石は、首里校の敷地内に建立された「友愛の碑」にはめ込まれ、今でも校内に飾られています。これは、「甲子園の土」物語として、高校野球史の中に生き続けています。

この首里高校の善戦は、まさに名護ビール工場の稼働を祝するかのようでした。そして名護城《なんぐすく》からの神送り風が、名護市民そして沖縄県民に甘いビールの香りをまもなく送り届けようとしていました。

ビール販売開始まで

さてここで改めて、沖縄ビール㈱の創立の背景を時系列に再掲してみましょう。

- 1956年初めごろ：ビール企業計画の着想
- 1956年9月13日：沖縄ビール（後のオリオンビール）「第1回設立準備委員会」を那覇の商工会議所の2階で開催。首里の赤マルソウの中に「設立準備事務所」を設置（社員は宗精一人）
- 1957年5月18日：沖縄ビール㈱設立
- 1957年8月28日：名護工場建設開始
- 1958年11月20日：名護工場竣工
- 1959年2月4日：ビールの仕込み開始
- 1959年4月1日：第1期生募集
- 1959年5月17日：ビール販売開始

・1959年6月17日：沖縄ビール㈱からオリオンビール㈱に社名変更

この時系列の中で、1957年春から夏にかけて、吉田義雄氏と山崎鉄工所の中村専務、山口技師、頼技師が機械買い入れに凡走していました。当時、本土は不況のさなかで、輸出不振の状況下において、予想以上の値引き（総工費で2億円以上の節約）で機械類を購入することができました。宗精はここでも自分の運の良さに自ら感じ入ったようです。

上記の外間政吉氏は工場が建設真っ最中の1958年3月、その他の5人は同年8月に来沖しました。それから数か月後（11月20日）には名護ビール工場は竣工、そしてさらに3か月後にビールの仕込み開始、それから3か月後（1959年5月17日）に販売に漕ぎつけるというとてもスピード感のある歳月です。この間の1959年4月に、第1期生（13人）が採用されます。その中には先述した比嘉良雄氏も含まれていました。

このプロセスを実際に推進している、これらの若者の心には明るい輝きが射《さ》してきていました。ゼロからの出発であるがゆえになおさら、初出荷のビールを乗せたトラックが工場の門を出たときには、感動して言葉が出ませんでした。

幕が切って落とされた

1959年5月14日、沖縄配電ホールで官民約千名を招いてビールのお披露目の宴《うたげ》が開催されました。オリオンの初ビールは、「輸入ビールに優るとも劣らない」との好評を得て、宗精も意

試飲会の様子＝1959年5月14日、那覇市・沖配ビル

気揚々としていました。「私たちは最大公約数のお好みに応じて、サジ加減ひとつで皆様のお好みに合うビールをつくることができます。どうぞ御指導御愛顧のほどお願いします」という彼のあいさつの中にもそれがよく伺《うかが》えます。太平洋戦争後の灰《かい》じんの中から生まれた沖縄発のビール！　それは砂漠の中のオアシス。「あけみお」（夜明けの美しい入り江の水の流れのこと。名護の進取の精神を表す言葉としても使われる。「進取」とは、自ら困難な課題に果敢に挑戦すること）の流れにのって、幸せをもたらす「液体のパン」（151頁参照）。山紫水明《さんしすいめい》の地、名護の街から生まれた沖縄の人たちの戦争の傷を癒《いや》してくれるオリオンビール。

5月16日（土）はオリオンビールの初出荷。北部農林高等学校のバンド隊を先頭に、ビールを満載した10数台のトラックは花火の打ち上げの音とともに、万歳の嵐の中で、エンジンをふかし始めました。まさに、劇場の幕が切って下されたのです。名護の街は提灯《ちょうちん》行列を催して、もうお祭り騒ぎでした。工場の門に集まった従業員に見送られ、トラックはゆっくりと名護の街を通り抜けて行きました。従業員の顔には嬉《うれ》しそうな安堵《あんど》の表情とともに、未知の世界に飛び出していく子供を見送るような寂しい不安の色が漂っていました。

反故《ほご》にされた約束

1959（昭和34）年5月17日、日曜日は恒例の沖縄最大の那覇波の上祭です。5月も半ばとなれば沖縄ではもう初夏、季節的にもビールの販売が加速する時期です。宗精と会社の幹部は、この波の上祭の吉日をビール販売初日と決定、販売に踏み切りました。そして、運命の扉が開きました。彼は販売記念パーティーの席上、「ビールの味にはいろいろとご批判もありましょうが、ビール醸造はここまでもってくるのが難しく、その後は皆さんのお好みに応じたビールを作ることができます」、と結構気張っていました。

でも本当のいばらの道はここからでした。民政官と約束していた「ビールの輸入規制」の措置が暗礁《あんしょう》に乗り上げたのです。

ジョン・G・アンドリック民政官（John G. Ondrick、1906〜74年）はボンナ・F・バージャー准将の後任としてこの年の7月1日に着任しました（1962年7月16日まで同職）。前任のバージャー民政官に対して宗精は、宮古郡島知事の経験を生かして交渉を重ねてきました。「使用者は未認可組合と団体交渉する義務がない。このような団体はいかなる特権も有しない」と発表し（58年8月）、その頃の琉球政府や労働団体ともやり合うほどの強面《こわもて》だったバージャー民政官相手でも宗精はひるむことなく、ビールの輸入規制について相談し、確約を得ていました。ところが、アンドリック民政官はその約束を「私は知らない」と簡単に反故にしました。

為政者は交替しても、前任者の約束を引き継ぐの一般的です。ビールの輸入規制は創立間もない当時のオリオンビールにとっては死活問題でした。しかし米軍統治下では民政官は絶対的な権力者でした。

伸び悩む売り上げに、宗精は頭を抱えていました。彼は寝ても覚めても、ビールの販売のことばかり考えました。そして沖縄県内最大の繁華街、那覇市桜坂に目をつけ、人海戦術で販売拡大活動を開始します。桜坂で圧倒的なシェアを占めることができれば、那覇市内、ひいては県内全域へ販売拡大が見込まれると踏んだのです。それは会社の、そして宗精自身の生死を賭けた戦いといってもよいものでした。実際、彼はその頃、「生命の切り売りまでして販路拡張をやっている」とアンドリック民政官に詰め寄っています。

必死の人海作戦

約60年前の沖縄の環境で、県産品の販売を拡大することは並大抵の努力ではできません。ましてやオリオンビール㈱は生まれたばかりの会社で、販売網が確立されていたわけではありませんでした。

また、ビールを買う側の沖縄県民は上述のとおり、自己卑下《ひげ》が強く「シマーグワー」「沖縄で

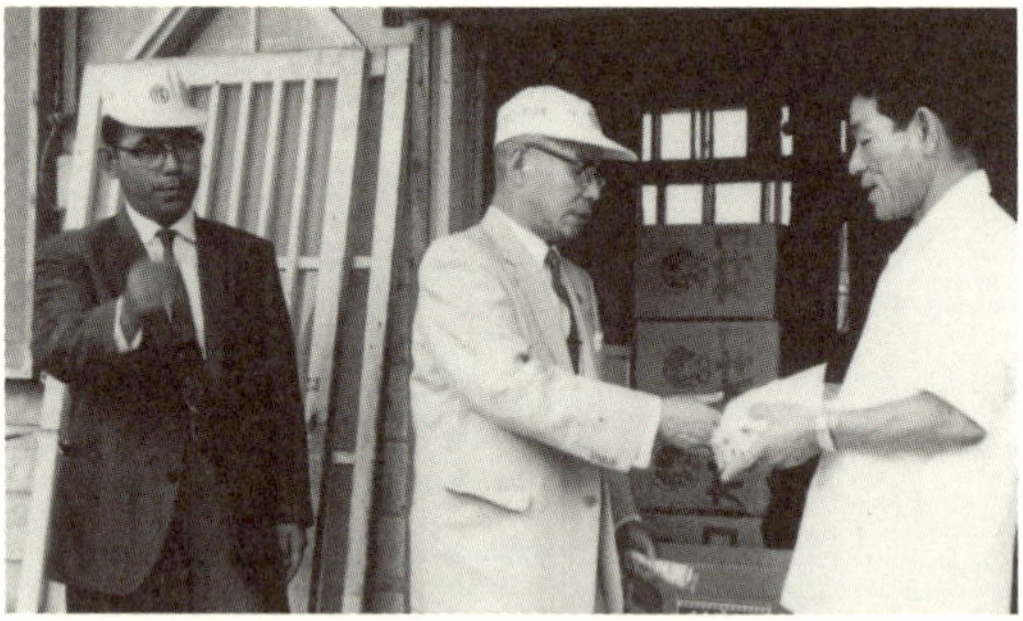

オリオンハットをかぶり、販売店へ自らオリオンビールを売り込む（1959年ごろ、『具志堅宗精伝』より）

良い製品がつくれるか」という先入観がありました。

そこで社長である宗精を筆頭に、重役、幹部、全社員が手分けして、バー、キャバレー、料理屋などを毎晩のように回って、マダムに、マスターに、ホステスに、お客にお願いしていきました。当時新人だった外間政吉氏は、退社後に那覇の繁華街の飲食店をいくつも回り、「オリオンビールをお願いします」とお願いし、夜3時4時に名護に戻り、翌朝はいつもの時間通りに出社したことは先述の「創業ラプソディ（狂詩曲）」でも触れました。これは外間氏だけでなく全社を挙げての総動員の「仕事」でした。

その頃の宗精は、胃潰瘍《いかいよう》で胃の3分の2を切り取ったばかりで、まさに彼にとっては病後の身体に鞭打っての「生命の切り売り」でした。

「このような人海戦術展開と並行してビン詰めの生ビールを那覇の盛り場に登場させたのも、販売拡大の効果をあげるのに大きくプラスしたと思う」と彼は述べています。「この生ビールの売り出しに当たっては、1本2セントの販売奨励シールもつけたので、さきに述べた人海戦術展開と相呼応して、盛り場におけるビールの売り上げは急速に上昇していった」。

またビールの販路拡大を図る上から、販売機構の体質改善も必要であったので、1960（昭和35）年7月、オリオンビールに特化して販売する「オリオンビール販売㈱」を設立しました。本社、販売会社一体となって最善を尽くした結果、ビールの売り上げは急上昇しました。アンドリック民政官との仲違《なかたが》いの結果、絶体絶命のピンチをチャンスに変えました。輸入規制に頼らずに、自力で道を切り拓《ひら》いたのです。これが契機となって、オリオンビール㈱は企業として一人歩きを始めます。でもまだ走るまでは足腰がしっかりしていません。歩きを覚えた者は好奇心旺盛にして、次のステージへとステップアップしようと一生懸命努力していきます。

アメリカ人好みのビールとは？

ここで、ビールの嗜好《しこう》に関する国民的違いについての研究結果を紹介します（石井照周他、「アメリカ、ドイツ及び日本におけるビール嗜好の地域差」）。

アメリカ人は「甘味」と「脂肪分」を好み、「苦味」を好まず、ドイツ人は「辛味」と「酸味」を好み、「塩味」「脂肪分」「薄味」を好まない。日本人はどちらかというと、その中間で、「薄味」を好み、「辛味」「甘味」を好まず、いろいろな味を等しく好む傾向があると報告されています。

19世紀以降、ビールはどちらかといえばドイツ、イギリス、オランダなどのヨーロッパの国々が主流でした。アサヒやキリン、サッポロビールなどの日本の老舗のビール会社も最初はヨーロッパからの技術導入で国産のビールを醸造していました。オリオンビールも例外ではありませんでした。

1959（昭和34）年に初販売されたオリオンビールはドイツ風のビールで、麦芽やホップを使った苦味が特徴でした。「アメリカ世《ゆ》」の沖縄では、バドワイザーやオリンピアといったアメリカのビールが米軍を通じて広く流通していて、薄味のアメリカンビール（American Beer）に親しんでいた沖縄の消費者の嗜好《しこう》が、オリオンが初めのころ、販売に苦労した一つの要因でした。

1956年にバージャー民政官が、これからの沖縄の起業はビールであると唱えていた背景には、何十万人と沖縄に駐在する米軍関係者を念頭に置いていたことは誰の目にも明らかです。バージャー民政官と米軍進駐軍は「私たちはアメリカ風の、薄味の甘いビールが飲みたい！」、と喉《のど》を鳴らしていたのでしょうか。

宗精には、猫のように「ゴロゴロと鳴らす」民政官の喉の音をも聴き分ける能力があったといいます。そして当時は、アメリカ人好みのビールはつくれないかと真剣に考えていました。

その後、日本国内でもビール醸造の技術が上がり、上記のような消費者の嗜好調査などを通じて、それぞれ顧客にあったビールがつくられるようになりました。

キャラウェイ旋風

オリオンビール販売㈱が設立されてまもなくの、1961（昭和36）年2月16日、後に「キャラウェイ旋風」を巻き起こす、キャラウェイ第3代高等弁務官（Paul Wyatt Caraway、1905～

85年）が着任しました（在任期間1961年2月16日～64年7月31日）。彼は、琉球政府が可決した法案にしばしば拒否権を発動するなど、政治介入も露骨に行いました。1963年3月5日、那覇市のハーバービュー・クラブで行った金門クラブ月例会で、「沖縄住民による自治は神話に過ぎない」と、住民らによる自治を認めない発言をしました。一方で、その頃不正が横行していた沖縄の金融界にメスを入れ、大々的に摘発したり、電気料金を下げたりして、日本一の最貧状態にあった沖縄県民の所得向上に努めました。その点、沖縄の財界人にはとても評判がよい人物でした。

キャラウェイ高等弁務官と（生誕100年記念誌『伝説のオリオンハット』より）

彼のこの二面性のある沖縄統治には、沖縄の統治に絶対的な権利と責任を負うべきだという高等弁務官として彼の強い信念が根底にありました。

キャラウェイ氏は、アーカンソー州ジョーンズボロで、裕福な家庭の3人兄弟の一人として生れました。両親はともにアーカンソー州選出のアメリカ合衆国上院議員を務め、母は女性で初めて選挙により選出された上院議員でした。

彼は戦時中多数の役職を持っていたにも関わらず、戦闘の経験が一度もありませんでした。また、アメリカ上院議会が彼を中将への昇進をいまだ承認していないにも関わらず、沖縄に高等弁務官として着任するときに彼は沖縄住民に強い印象を与えことが重要だと考え、中将の証である三つ星勲章(Three Stars)を身に着けていました。場合によっては、左遷《させん》されかねないきわどい行動でした。これも彼の性格を強く印象づけるものです。

宗精は、キャラウェイ高等弁務官の在任中の施策に対して、毀誉褒貶《きよほうへん》相半ばするものがありますが、沖縄産業の開発発展に尽くした彼の功績を高く評価しています。

特にオリオンビールとの関わりにおいて、創立間もなく最大のピンチに立ったとき、キャラウェイは沖縄の産業開発の発展のために、自発的に、1960年代当時アメリカで3番目に大きい、ミズーリ州セント・ルイスにあるフォルスタッフビール会社(Falstaff Brewing Corporation)から調査団を派遣してくれました。副社長、技術担当重役、および経理担当幹部の3人の一行が来沖し、技術や経営、品質改善などを指導してもらいました。つまりアメリカの大手ビール会社が、オリオンビール㈱の企業診断を行ったということです。沖縄の産業開発に特別な関心を寄せているキャラウェイ高等弁務官にとっては、沖縄一の企業になるかもしれないビール会社の発展を後方援助したいと思う反面、荒野に立つ子供のいく末にいくばくかの不安があったのでしょう。そして、独り立ちできるように何とかしたい思いが強かったようです。

宗精によると、彼はその頃の米陸軍省の方針を忠実にかつ効率的に実施したために、各方面と大きな摩擦を生みました。「彼の直接統治方法は、①アメリカが主体となって沖縄の民政の安定を図ること②日本本土と沖縄の政治的・経済的隔離③米資本の導入」などが特徴でした。

「当時、金融界のトップクラスの中には、大衆から預かったお金を、自らの事業に融資」するような、民間金融機関の放漫経営に大ナタを振るったことを、宗精はひときわ高く評価しています。キャラウェイ高等弁務官が巻き起こした〝旋風〟はかなり厳しいものでしたが、「〝キャラウェイ粛清〟という一連の措置は、結果論ではあるが、復帰のための体質改善—という意味でも大きな成果があったと、私は思う」と宗精は追懐《ついかい》しています。

キャラウェイ氏の徹底した合理主義についていけない多くの沖縄の人たちとは逆に、宗精は、最初いろいろな困難・喧嘩《けんか》などがあったもののそれを乗り越えて、自分の住まいのコーナーに設けたラン温室の一部に「キャラウェイ・グリーンハウス」と名づけて彼の功績を偲ぶほど尊敬し仲良くしていました。

ここにまた、宗精の企業家としての、それこそ「徹底した合理主義」の精神が伺《うかが》えます。

フォルスタッフビール会社調査報告書

フォルスタッフビール会社調査員はオリオンビール㈱の企業診断を行った後に、高等弁務官に報告書を提出しました（出典：沖縄公文書館、〝Report on Orion Brewing Company. Preface, Marketing, Product, Physical Plant and Financial Aspects〟（沖縄におけるオリオンビールの実態調査報告書）。この報告書には、オリオンビール㈱の経理状態、製品の品質、沖縄におけるビールの市場調査分析結果などが記載されています。その中から宗精は、興味ある勧告を2、3とり上げています。

①オリオンビールの税金は他の酒類にくらべて非常に高い。

②販売会社はあってもいいが、その社長はオリオン本社の社長が兼務すべきである。

③オリオンの宣伝方法はなっていないから、博報堂とか電通といった専門家にPRを依頼したらどうか。

というものでした。宗精は、①については誠に味わうべき勧告であるとして歓迎しています。②については、販売会社設立の背景を鑑《かんが》み、同意できるものではありませんでした。さらに③についても独自の宣伝方法を確立してきているので、これまでの方法を踏襲すべしとして、必ずしも勧告に従いませんでした。

また、オリオンビールの品質に関しては、「香り：シロップのように甘い、穀物風味」、「味：麦風味、ピリッとする、辛口、麦汁風味、穀物風味、苦い、麦芽風味、燻《いぶ》した風味」と書かれており、「苦みが強すぎるため味の改良が必要」との指摘を受けています。

「技術上、経営上いろいろ指導を受けることができ、品質改善の面などで大いに得るものがあった」「企業診断の結果、必ず成功する、と太鼓判を押してくれた」ことが宗精たちを発奮させたと彼は書いています。オリオンビール㈱はフォルスタッフビール会社調査員の勧告を前向きに捉え、その後の品質向上に努めました。「いいものはさらに伸ばし」「悪いものは逆に排除あるいは改善する」柔軟な経営方針が企業の生き残りには不可欠です。

沖縄産業界の恩人、オグレスビー氏

キャラウェイ高等弁務官に負けずとも劣らないぐらいに、沖縄の経済復興に貢献したのが元琉球列島米民政府経済局次長サムエル・C・オグレスビー氏（Samuel C. Oglesby、1911〜66年）です。戦後の沖縄産業の復興に尽くした彼の業績は特筆に値します。

オグレスビー氏はアメリカ・バージニア州に生まれ、1933年22歳のときにメリーランド大学博士課程を卒業した学究肌の紳士でした。1942年にアメリカ合衆国陸軍に従軍した後、終戦後は、エール大学で極東問題と日本語の研鑽《けんさん》を積んでいます。1950年に、前出の経済局次長として沖縄に赴任し、亡くなる1966年12月20日（享年55歳）までの16年間、沖縄の経済・産業の復興に献身的に尽くしました。彼は、製糖産業とパイナップル産業を「沖縄二大産業」と呼ばれるくらいまで成長させました。1953年に「琉球工業連合会（現・社団法人沖縄県工業連合会）が設立されると、その「よきアドバイザーとして深くかかわり多くの産業を育てた。製糖、味噌醤油、食油、ビール、セメント、鉄筋、合板、菓子類に至る各製造業の90％は同氏の後援・指導を受けた」（出典：沖縄県工業連合会ホームページ）。

宗精は、オグレスビー氏が病気で退官した後、令嬢・エリザベスさんが上智大学在学中に少しばかりお世話しました。彼はそのお礼にと夫人令嬢を同伴して、宗精の家を訪ねて来ました。それは、彼の逝去二日前のことだったそうです。彼の人柄が実に現れているエピソードです。

宗精は、「彼は自分がいったんこうだと思ったことは、上司が難色を示そうと、粘り強く説得して自分の主張を通す、そういう信念と勇気の持ち主であった」、と。また沖縄財界四天王の一人、宮城仁四郎氏（琉球セメント）は、「氏は、自分がアメリカで仕事をしても虫眼鏡で見る程のこともできない、日本の諺《ことわざ》にもある通り、『牛の尾たるより、鶏頭たれ』とある。沖縄のために全力を尽くしたいといつもいっておられた」、とオグレスビー氏を讃えています。

また１９６３年５月21日に琉球工業連合会は創立10周年を記念して、オグレスビー氏等身大の胸像を彼に贈呈するほか、１９６７年に同氏の長年の功績を記念して「オグレスビー氏産業開発基金」を設立し、現在まで奨学金授与ならびに「工業功労者表彰」を毎年行っています。

オグレスビー氏は、宗精（そして多くの沖縄財界人）がもっとも愛したアメリカ人の一人でした。若くして亡くなったのは、本人や家族の悲しみはもちろん、沖縄財界にとっても大きな損失・痛手でした。「自分が死んだら沖縄に埋葬してほしい」という彼の遺言どおり、沖縄工業連合会が沖縄産業界の恩人としてオグレスビー氏に敬意を払い、那覇市泊国際墓地に建設した墓に妻と一緒に葬られています。愛する妻とともに彼は今でも沖縄の産業の発展を見守り続けています。宗精も生前、オグレスビー氏の命日である12月20日には毎年欠かさず、その墓に詣《もう》で花を供えていたそうです。

常に感謝の念を

宗精が企業経営を始めるにあたって、沖縄の現状を分析しつつ、特に軍政府の絶大なる援助がなければやっていけないことを重々承知していてため、キャラウェイ高等弁務官やオグレスビー経済局次長らと特別な付き合いをしていたことは明らかです。また十分な資本金のないものにとっては、政府の金銭面での援助が不可欠でした。

オリオンビール㈱が設立されたその日（当時は沖縄ビール㈱）に、宗精は社長として「社是」を掲げました。その最初には、

・軍、官、民に常に感謝の念を捧げ、且《か》つお互いに人格を尊重し合いましょう。

と、軍への感謝が先にきています。当時の状況を考慮しても、この社是から初代社長具志堅宗精が軍政府とのかかわりを強く意識していたことがうかがえます。軍政府との交渉において、そのとき沖縄で彼の右に出るものはいなかったのではないかと思われます。彼の竹を割ったような素直な性格と歯に衣着《きぬき》せぬ物言いがいわゆる米国人にも好かれたのではないでしょうか。「Yes」or「No」のはっきりした彼の態度はアメリカ人にもわかりやすく、それでアメリカ人が近づきやすかったのではないでしょうか。この性格は彼が生まれながらしてもっていたでしょうが、警察官そして宮古群島知事時代にさらに磨きをかけたのだと思われます。

とはいえ、ここで重要なのは「軍、官、民」、つまり全ての人々に「感謝の念を捧げ」ることを社是の第一に掲げたことだと思います。さらに互いの「人格を尊重し合」うという精神は、続

社　是
・常に軍官民に感謝の念を捧げ、且つお互いに人格を尊重し合いましょう。
・自己を愛し、会社を愛し、社会を愛し、そして住民とともに栄えましょう。
・常にコストの引下げと製品の品質向上に努力し、最上の良心的製品を住民に安く提供しましょう。
・生真面目、正直、清潔、整頓、衛生第一に従業しましょう。
・お得意様の不平不満や御希望は素直に笑顔でお聞きしましょう。
・私達は健康に注意し、いつもにこにこほがらかに働きましょう。
・原料、燃料、工具類その他資材類は大事に取扱いましょう。
・消極を排し、積極的に吾立たずんば会社は如何にするやとの意気を気概を以て従業しましょう。
・時間を良く守りましょう。

1957年5月18日
オリオンビール株式会社　社長　具志堅宗精

く「自己を愛し、会社を愛し、社会を愛し、そして住民ともの栄えましょう」ともつながります。自己を愛するように、会社を、そして社会を愛し、社会の繁栄、地域住民の福祉の充実を考えるのが、本当の社会人の道であると彼は強調したのです。社会のために働き、良き隣人となり、みんなとともに栄えていく。「社会の繁栄とはすなわち『住民福祉の向上』であり」「これはひいては世界平和の道にも通ずることである」と彼は述べています。

その節、「国を愛し」ではなく〝社会を愛し〟と書いているのが素晴らしいと私は思います。太平洋戦争は国のためにといって多くの尊い命が絶えました。特に沖縄の惨状を説明する言葉は見つかりません。彼は沖縄県政のトップの地位（那覇警察署長）にあって、その惨状を説明する義務があったともいえます。だからこそ、国を愛しではなく〝社会を愛し〟、社会の住民の福祉に貢献せよと叫んでいるのではないでしょうか。彼が、人間にとって大事なのは国家よりも社会だと思っていたかどうかは今ではわかりませんが、彼が歩んだ沖縄の歴史を俯瞰《ふかん》して、この〝社会〟という言葉の意義は重く、大切です。

利益の社会還元

また、宗精は「利益の社会還元」ということをとりわけ強調しています。

以下は自伝の中での彼の言葉です。

「金というものは、使う人によって、または使う方法によって、身を興しまたは身を滅ぼし、人を殺し、人を泣かせ、また世の中を明るくし、暗くもするので、もうけた利益の使い方には大いに心しなければならない」。

「金は、使いよう如何で毒にもなる。だから、企業家は正しくもうけて、正しく利益を使わなければならない」。

「利益をろう断する（注「ひとりじめにすること」）ところには企業の意義はない」「理念なき会社はただの金もうけの組織に過ぎない、と彼はいっているようです。

オリオンビール㈱は会社の定款に「利益の一部は有益なる社会事業にこれを使うことができる」と明記しています。これは右の「正しくもうけて正しく使え」という宗精の教えの実践といっていいでしょう。現に緑化、環境美化、福祉・教育などへの事業展開、スポーツ・芸術・芸能イベントの主催・共催・協賛など、同社が数多くの社会還元事業に携わっていることは周知のとおりです。

オリオンビール㈱の経営理念は「報恩感謝」「共存共栄」「地域社会への貢献」「文化への寄与」の四つです。いうまでもなく、これは宗精が会社にかけた思いを改めて掲げたものです。現在の代表取締役会長嘉手苅義男氏は、会社のホームページの「ごあいさつ」において、「創立60周年の節目を乗り越え、新たな道を開拓すべく創業者・具志堅宗精翁の『なにくそやるぞ！』の精神を受け継ぎ、役職員一同、日々気持ちを新たに精進してまいります」と決意を述べています。

成長するオリオンビール

１９６６（昭和41）年5月11日、富永寛二氏が2代目社長に、宗精は代表権のある会長に就任しました。富永氏は宗精の経営理念に基づいてオリオンビール㈱の発展を支え、翌年１９６７年創立10周年を無事迎えました。宗精は「人間にとって、十歳というと、成長期に入ろうという年頃である」と述べるとともに、「オリオンビールが健やかに伸び、沖縄の経済発展と、住民福祉の向上のために寄与して貰うこと」を祈願しています。オリオンは新進気鋭の重役陣や職人の努力で順調に伸びて行きます。

『10年のあゆみ』で、富永氏は創業当時を振り返り、「島産ビールという劣等視も加わって営業成績も極めて不振で巷には倒産の噂さえ聞かれる状態でありましたが具志堅会長を中心として全役職員一同和衷《わちゅう》（注：心をあわせること）協力の下に一丸となって幾多の困苦と闘いながら日夜販路の拡大と品質の向上に奮闘し続けて参りました」。「又軍民両政府並びに全住民の暖かい御支援と御愛顧を頂き今日の発展をみましたことは誠に感謝に堪えません」と、感慨深く述べています。

復帰に備えて来沖中の佐藤栄作総理（中央）を案内する具志堅宗精（右）

実際、創立10年後には、「技術陣の絶（注：弛）ゆまざる品質向上の努力により『最も新鮮でおいしいオリオンビール』として島内需要の95％を占めております。又軍市場や海外の市場にも諸外国のビールに伍して堂々と進出して大好評を博しておりますことは弊社のみならず沖縄の誇りと云えましょう」と続きます。

オリオンビールは当初から沖縄県にある一つのビール会社としてだけではなく、それが〝沖縄の誇り〟ということにも強くこだわっていることが伺えます。その誇りもまた県民に愛されるゆえんです。

オリオンビールの光と影

１９７１（昭和46）年３月には、１９６２年から10年、

110回発行した『ほろ酔い天国』が廃刊になり、現在の『びあぶれいく』の情報誌に受け継がれています。『ほろ酔い天国』は読み手もほろ酔い気分を味わえる楽しい、そして沖縄のローカル色を出したユニークな情報誌でした。これは読者を泥酔させるほど内容が過激すぎて発禁になった号もある伝説の情報誌です。

また同年、ビールの販売を担当していたオリオンビール販売㈱を吸収合併し、販売路線を会社の中心に据えました。会社は順調に成長し、1970年度の売上が約10万石（約1万8039キロリットル）、県内ビール需要のほぼ90％を占めるまでシェアを伸ばしていました。

同年11月29日、創立当時の技術部門を担当した吉田義雄氏が3代目の社長に就任しました。翌72年5月15日、沖縄県が本土復帰します。この本土復帰はオリオンビール㈱の事業にも影響をもたらしました。そしてまもなく輸入ビールの関税が引き下げられ、本土の大手ビールメーカーが攻勢を強めてきました。またその頃からビール以外の業種（農園業、鯉・鰻などの養殖業、ホテル業）にも参加してきます。1974（昭和49）年5月2日にホテルオリオン（現ホテルオリオンモトブリゾート&スパ）、75年6月3日にホテル西部オリオン（現ホテルロイヤルオリオン）が開業しました。オリオンビール㈱は多角経営企業へと方向転換したかのようにみえます。しかし、その企業網の中心はいずれにせよビールです。

オリオンビールには暗い話もあります。1975年6月21日23時10分に起こった『オリオンビール労組書記長襲撃事件』です。鉄パイプで武装し、覆面をした暴漢3名が労組書記長・岸本清さん宅に押し入り、書記長と当日警備についていた又吉さんを襲撃しました。岸本氏は両足の関節を骨折し歩行不能、額部裂傷の全治4か月の重傷、又吉氏も全身打撲傷を負いました。この事件によって社長、専務は辞任し、宗精も代表権のない会長に退き、経営陣が一新されました。

これはオリオンの歴史の中で数少ない「影」の部分ですが、会社はこれを真摯《しんし》に受け止め、負の遺産を引きずらず乗り越えて再生して今にいたっています。したがってこれを、会社の歴史的なエポックとしてしっかりと書き留めておくべきものであると私は思います。

この闘争を指導したのは、その節、北部地区労働組合協議会議長で、私の高校時代の恩師、テニス部顧問の大城堅靖先生（1934～2009年）でした。私は事件の頃、米国のテキサス大学に留学していたので、堅精先生が北部地区労働組合協議会議長として長い間活躍し、事件闘争の当事者であったことはよく知りませんでした。熱き心をもって大衆の中に生きた堅靖先生のテニスコートでの若い姿を思い浮かべながら、先生の著書（『熱き心』）を熟読しました。私はその〝熱き心〟から改めて多くのことを学びました。

この事件から数年後1978（昭和53）年7月30日を境に、沖縄県では、終戦からそこまで約30年間「人は左、車は右」の交通方法がとられていましたが、本土と同様「人は右、車は左」の方法に切り替えられました。大きな混乱はなかったものの、人間（の思考や行動など）は左から右へ、右から左へとそう簡単に変えられるものではありません。

このようにオリオンビール㈱は創業以来、順調に成長してきているものの、本土復帰後のいろいろな制度や関税処遇などが変更になり、一時期は苦戦を強いられていました。これは創業以来、2度目の厳しい挑戦でした。

オリオンビールの現在

その後もオリオンの出荷量は増え続けましたが、１９９４（平成6）年の６万５８５６キロリットルを最高に減少し、２０００年代にはほぼ横ばい状態が続いています。ビールの消費量の減少は世界的な状況で、国内での消費量も減ってきています。

いずれにしても１９５９（昭和34）年の初出荷量７９７キロリットルから最高時の１９９４年の35年間で80倍以上の量産に漕《こ》ぎつけています。オリオンビールの全国シェアは１％以下ですが国内5大ビール会社の一つと呼ばれているのは、量から質、徹底したブランド戦略がオリオンビールをこの地位に押し上げているのです。

本土復帰後、オリオンビールは苦しいときもありましたが、そこで改めて原点回帰に努め、南国沖縄のさわやかな明るいイメージを売り物に業績を回復していきました。地元沖縄のビールというブランドを改めて強く打ち出すことで、ウチナーンチュそして本土からの観光客らの心をしっかりつかみ現在にいたっています。

初出荷当時のオリオンビールＣＭソングにあるように、「コップでグイ、ジョッキでグイ」「彼氏がグイ、彼女もグイ」「父さんグイ、兄さんグイ」「オリオンビールをみんなで楽しく仲良くグイ！」。ウチナーンチュや沖縄を訪ねる人たちはオリオンで疲れを癒《いや》し、明日に向けて夢を膨《ふく》らませます。南国の灼熱《しゃくねつ》の太陽が、海からのそよ風が、満点の夜空の星々が、沖縄の三味線が、そして島唄がオリオンビールの味にいっそう独特の風味をそえます。沖縄でないと味わえないその趣《おもむき》を！

南国の透きとった青空と薄青いエメラルド色の大海原を背景に、沖縄出身のアスリートやタレント、アーティストなどが三つ星マークのオリオンビールを片手に、美味しそうにグイといくCMに、人はもう酔いしれます。ここには４００年にわたってかっこたる独立国家をなしえた琉球王国のアイデンティティを前面に押し出して、オリオン独特の世界観を作り出して、人々の心をつかんで離しません。

南国沖縄のナンクルナイサ的な、のんびりした環境においてオリオンビールは、多くの人たちの心をすでにつかんでいます。現在では世界17か国に出荷されており、県民にとって「オリオン」とは大方オリオン座ではなくオリオンビールを意味するようになっています。何はともあれ、オリオンビールは今では沖縄という空間を越えて多くのところでオリオン座のように輝いています。

それだけではなく、オリオンビールは多くの沖縄移住民が住む中南米諸国との「花の国際交流」を促進して、沖縄の地に新しい温かい花を届け咲かせています。

オリオンビールは消費者の多様なニーズに対応するために、ブランド性の高い商品を作りつつ、沖縄独特のアイデンティティを醸し出す広告などを通じて、国内ビール市場において小さいながら強烈な存在感を放っています。

具志堅宗精逝く

宗精は1975(昭和50)年の事件以来、代表権のない会長になっていましたが、実質的な経営権はまだ彼の手の中にありました。しかし、彼の健康状態は年々衰えていきました。

宗精は戦中戦後いくたの死の淵をさ迷っています。沖縄戦では、捕虜にならないために、降伏の直前、身につけていた拳銃を口に加え引き金を引いたが、的中突破の際にさびついたせいか、弾は不発に終わりました。一方、「そのとき、カービン銃を構えたアメリカ兵が、私の持っていた銃をとりあげて、カチカチいじりまわしたうえ空に向けてひいたところ、その拳銃は六発、確実に火を吹いた」と彼は自伝で述べています。その他戦場でも幾度か死線を乗り越えてきています。「人間万事塞翁《さいおう》が馬」、運命の、あるいは人生の禍福(わざわいとしあわせ)というのは予測できないものである、と彼は感慨深げに書いています。

比嘉良雄氏が書いているように、宗精は「沖縄戦時の那覇警察署長という責任ある身でありながら生き残ってしまった罪の意識を負い続けて」いました。彼はまた生き延びたことを恥じていました。そこで戦時中に亡くなられた人たちへの弔《とむら》いの気持ちと未来の若者へ夢と希望を与えたいという彼の信条が、その後の彼の行動の原動力、人生の源泉になっていたといっても過言でなないだろう。

宗精はビール醸造が始まろうという1958年春に胃の3分の2を摘出する胃潰瘍の手術をしていました。ビールの販路拡大のためにまもなく62歳になろうという無理のきかない身体で、「なにくそやるぞ」の魂をもって命の切り売りをしながらオリオンビールを毎晩売り込んでいました。実は自分で長生きするとは思っていなかったので、自伝を3冊も上梓することなどは微塵も考えていません。しかし、彼は子供の頃から幾多の困難、奇跡を乗り越えて、今を生きています。

1979（昭和54）年12月29日（土）、病床のなか毎日の業務報告を心待ちしていた宗精は、前日の高売上に表情を緩《ゆる》め、「サンキュー、サンキュー」といって喜び、家族に見守られながら静かに息を引き取りました。戦後の沖縄の産業界を引っ張ったタフな男の波乱万丈の人生についに幕が下りました。享年83歳でした。

戦火を乗り越えて自分が想像した以上に長生きしたことも、彼は多くの人たちのご支援の賜《たまもの》とかえりみて感謝の念「Thank You」を忘れませんでした。また宗精が生涯愛用した「オリオン帽」はいつもの通り、今にもこれから一緒に営業に出かけるかのように彼の枕元に付き添っていました。

第6章

具志堅宗精に学ぶ

——東雲《しののめ》を仰ぐ

無駄な経験などない

具志堅宗精《ぐしけんそうせい》の人生は、ほとんど休むことを知らない腕白《わんぱく》少年が道のない森の中をさ迷いつつも、いつか頂上が見えるところまでたどり着きたいという強い信念に支えられていたように思います。後ろを振り向くことはほとんどありませんでした。

大阪でのドン底の生活、戦前の宮古での過酷な公務、そして戦中・戦後のアメリカ統治下での挑戦に終わりはなく、一方で沖縄の本土復帰後も質の違う新しいチャレンジを余儀なくされました。相当無理もしていますが、それは無駄ではありませんでした。失敗も成功も次へのステップの礎《いしずえ》として、彼は前にのみ進んで行きました。

人はそれぞれ違う経験をして成長し、同じ人生行路などありません。よって、それぞれが遭遇するどんな些細《ささい》な経験も、いつかは何かをするときに役立つはずです。それで引き出しが多くなり、使えるポケットの中の小道具の数も増えるのです。無駄な経験、不連続な人生などはありません。また経験は挑戦することによってしか生まれません。

自分の前に道はない。自分の後に道ができるのです。また一人の歩いた跡には足跡が残り、大勢で行った跡には「文化」が残るともいいます。さらに、「急いで行きたければ、一人で行きなさい。遠くへ行きたければ大勢で行きなさい」というアフリカの諺《ことわざ》もあります。

宗精は一人で猪突猛進したこともありますが、最終的には大勢の人たちとの共演を楽しみながら前進しているようにも見えます。だからこそ、多くの事業に手を出しながらもほとんど成功裏に導くことができたのでしょう。その代表的なものが、現在のオリオンビール㈱です。今では資本金3億6千万円、従業員約160人、世界17の国と地域に輸出するという沖縄最大のビール会社に成長しています。ビール以外にも、清涼飲料およびリゾートホテル事業に参画し、沖縄の経済、観光などを牽引しています。

上述のように国内の5大ビール会社に数えられるものの、国内全体での消費量のシェアは1％にも満たないぐらいの小さい会社です。このように決して大きくないオリオンビールが輝いているのは、宗精の哲学が彼亡き後の会社の経営方針にも反映され、それにのっとり、質の高いのビールを生産し、地域の繁栄を支えているからです。

宗精は自分の人生行路において培かわれた体験を経験に昇華させ、それを自分の生き方および会社経営の基本にしています。そのもっともたるものが、前章でも述べましたが、「報恩感謝」の信念です。もちろん、会社は利益を追求しなければなりませんが、でも儲けた金を何のために使うかという哲学がなければ、単なる金儲けの企業に陥ってしまいます。正しく儲けて正しく使う。これはオリオンの社是の一つです。

恩に報いる――生かされた身ならば！

「私が今日あるのも、決して自分一人の力によるものではない。周囲の援助や同僚部下の働き、妻や家族の内助の功があったからである」と彼は口癖のように唱えていました。

考えてみれば、私たちは誰でも産まれたときから棺桶《かんおけ》に入るまで、周りの人に世話になって生きています。往々にして私たちはこれを失念しています。よって、その恩に気づき感謝するとともに、自分が他人から受けている恩に報《むく》いることは人生において非常に大切なことです（報恩感謝）。トートーメーに向かって手を合わせる行為もその一環です。

私は幸いに多くの国を廻り世界を見る機会がありました。「小さい島人《しまんちゅ》」がどうしてと他人から質問も受けることも多々あります。「運」がたまたま私に味方しただけのことでしょう。早く亡くなった母や兄姉を含め多くの方がたからの恩を受け見守られてきたからであろう。それに心から感謝します。

宗精は3度の拳銃未遂事件などを含め幾多の生死をさ迷いながら戦後を生き抜いたため、彼は死ぬことを断念した人がその余生をどのように生きるべきかをたえず考えていました。彼はいいます。「私は一度死んだ人間。運よく生かされてこの世にいるのだ」。

亡くなった同僚、住民らを弔《とむら》いつつ、沖縄の復興のために渾身《こんしん》の努力を傾けようと強く心に刻みました。彼は感謝の心を忘れないことをたえず第一の信条とし、社会福祉事業へも献身的に協力し、弱い者への思いやりを忘れることはありませんでした。

オリオンビール㈱が主催したり、関係する社会奉仕事業や行事などの量と質については誠に目を見張るものがあります。たとえば創立10周年にもならない成長期の小企業が、①顕彰制度の実施（分野に関係なく全国で第3位以上、九州で第1位なったものに金一封）、②靖国神社本殿建築資金、

③赤い羽根共同募金、④歳末助け合い運動、⑤ボーイスカウト育成団体、⑥ホステス、ボーイ、小売店さんへのXマスプレゼントなどの事業、さらに洋ラン・サボテン展示会、囲碁大会、相撲大会、レディに贈るオリオンビールの夕べなどの行事をより積極的に応援しています。よちよち歩きの一企業がこれだけ多くの、かつさまざまな社会福祉に貢献していることは極めて異例のことです。最近では「公益財団法人 オリオンビール奨学財団」を創設し、沖縄の子供たちの未来を応援しています。宗精はいつも「大衆とともに息吹を」という信条の下、事業で得た利益は「事業への再投資」や「お得意先・お取引先へのサービス」として活用するだけでなく、「社会への貢献」にも役立てることに熱心でした。

卓越した先見性

これは宗精の信念によって支えられ推進されたものです。『10年のあゆみ』には、「営利企業の究極の目的は利益の追求にある。しかし、それのみに窮々すると、社会に弊害を及ぼし、ひいては企業自体を危機に追いやることが多い。……また企業は一時代の社員の私有物ではなく、これは自ずからの生命を持ち、その社会国家の財産である。それで、企業は常に社会とともに歩き、また栄えていかなければならない」と書かれています。彼によると、人は、会社は「どれだけ儲《もう》けたかによって評価するのではなく、その儲けた金をいかにして使うか」によって評価されると。

経団連の企業行動憲章の序文（２０１０年9月14日）は、「近年、ＩＳＯ２６０００（社会的責任に関する国際規格）に代表されるように、持続可能な社会の発展に向けて、あらゆる組織が自らの社会的責任（ＳＲ：Social Responsibility）を認識し、その責任を果たすべきであるとの考え方が国際的に広まっている。とりわけ企業は、所得や雇用の創出など、経済社会の発展になくてはならない存在であるとともに、社会や環境に与える影響が大きいことを認識し、「企業の社会的責任（ＣＳＲ：Corporate Social Responsibility）」を率先して果たす必要がある」と述べています。

オリオンビール㈱は経団連に先立つこと半世紀以上前からＣＳＲを唱えるだけでなく実際に精力的に実践しています。さらにこれらの事業・行事活動を通じて社会問題に貢献するとともに、社会的価値と事業価値を同時に創造する「共通価値の創造（ＣＳＶ：Creating Shared Value）」にも積極的に取り組んでいます。たとえば上記の「ホステス、ボーイ、小売店さんへのＸマスプレゼント」「レディに贈るオリオンビールの夕べ」などはＣＳＶの具体的な事例といえるものです。

沖縄の小さな一企業が現代の世界的な企業概念を半世紀以上前に先取りし実践していたことは大いに誇るべき財産だと思います。このように私たちの周りに黄金の宝を〝偶然に〟自分自身で発見できるのがまた郷土史探索の醍醐味なのです。これを若い人たちに伝えていくのは私たち大人の役目ではないでしょうか。

宗精が60年前にいっているように、会社の価値は会社が、その従業員がどれだけのＣＳＲとＣＳＶに貢献するかで評価される時代になってきています。私たちは彼の優れた先見の目に感謝するとともに、その意志をしっかり次世代に受け継ぐ責任と義務があります。

若い人たちに勇気と希望を

会社が儲《もう》けた利益の一部は有益な社会事業に使うというのが、宗精の強い信条でした。そして彼は、どうしたら戦後の焼け野原の沖縄を復興できるかをいつも考えていました。さらにその復興を将来に維持継続していく術《すべ》に、今風に言いうと、沖縄の、沖縄県人の「持続可能な発展」をどうしたら効率よく行えるかをいつも思いやっていました。企業を興すのも結果的には、ウチナーンチュの物質的・精神的「独立」を確立するという一点にありました。

暑い亜熱帯気候で水質も悪く、技術もない沖縄でのビール事業は「賭け」以外の何ものでもありませんでした。多くの専門家は、ビール事業は「創立」と「解散」が一緒になるようなものだと極めて悲観的でした。しかし彼は諦《あきら》めませんでした。困難が予想されればされるほど「なにくそやるぞ」の精神が高揚してくるのでした。これは持って生まれた負けず嫌いという範疇《はんちゅう》を大きく超えて、ビール会社が郷土の青少年に夢と希望を与え、そして故郷の経済発展の一助になれば、という強い信念をもって創業に踏み切りました。

彼は、日本軍が沖縄の住民を守ることをしなかったということをこの目で見ていました。自分も戦火の中で、命さながら逃亡したものの、ついに捕虜《ほりょ》になり、生き延びることになりました。「生きて虜囚《りょしゅう》の辱《はずかし》めを受けず」の教えを受けていた彼にとって、捕虜は侮辱の何ものでもありませんでした。日本の兵隊が自分の命を粗末にすることと、住民（沖縄県民）の命を軽んじることは関連していたと思います。実際、無残な玉砕は住民への虐待、集団的強制自死につながっていなかったでしょうか。

終戦のとき、宗精は沖縄県知事と沖縄県警察部長に次いで3番目に高い役職、那覇警察署長でした。終戦を迎える前に知事の承諾の下、沖縄警察を解体し一県民として多くの住民と同様、戦火の下に戻ります。上手く逃亡できれば日本本土に渡って、沖縄の現状を報告する予定で、敵地の網を潜り抜けていました。その戦友の一人は機関銃射撃で命を落とします。宗精らも一端は敵陣を突破するものの、結局、捕虜になります。

教えの通り、自決を試みましたが、拳銃が不発にて、命を拾いますが、これが彼をその後ずっと苦しめます。「一度死んだ人は強し」といわんばかりに宗精にはこの世の中にもう怖いものはありませんでした。というか、世間に遠慮して生きることなんか、彼には考えもしませんでした。比嘉良雄氏がいうように、彼は、「沖縄戦時の那覇警察署長という責任ある身でありながら生き残ってしまった罪の意識を追い続けていた人でした」。それはまた彼が企業を推し進める大きな原動力でもありした。命の続く限り、前進するのみです。自分の残りの命は社会のためにつくすべきだという、彼の強い意志がオリオンをつき進めていました。また、これは何もビール会社に限ったものではありませんでした。

「断じて行えば鬼神もこれを避《さ》く」は具志堅語録の一つです。「断じて行えばやれないことはない。味噌醤油と同じ醸造産業であるビールが沖縄で成功しないはずがない」と彼は確固たる信念を抱き、ビール会社の創業を決意しました。郷土の若者に〝やればできる〟という自信と誇りを持たせるとともに沖縄の経済発展の一助にするというのが彼の信念であり、また希望でもありました。現在では後者について彼の期待が一応叶《かな》えられていますが、前者については必ずしも明らかでありません。

それは若い世代の人たちが沖縄の困難な戦前中後を怒濤《どとう》のごとく走り抜けた具志堅宗精という稀《け》有《う》な闘魂士のことを知らないということにも一因がありそうです。「決心して断行すれば、どんな困難なことも必ず成功する」という信念の下、私たちは改めてまっすぐに未来を見つめ直す必要があると思います。

警察官としての経験

彼の四半世紀以上にわたる警察官としての経験によって、ものごとの良し悪し、方向性、正義と不正義、公平と不公平などを見抜く眼力は相当なものでした。最初から人を信用してかかるものではなく、まずは疑いの目で見よ！　やればできないことはない。

つまり、闘魂精神です。私から見ると、彼の少年時代は決して厳しいものではありません。その当時の沖縄の状況からすると、彼の少年時代は並の上ぐらいではないでしょうか。その頃は沖縄全体がソテツ地獄ともいわれる時代で、那覇市の垣花は首里に比べると大きな差があったかもしれませんが、それをどこと比較するかという問題です。古宇利島《こうりじま》にはその頃、水道水も電気も、主食の米もありませんでした。

また、会社が上手くいった一つの要因としては、これは沖縄特有なものでしょうが、多くの従業員が地縁でつながっていたことです。よって、彼らはよく働いてくれました。これがビールの人海作戦に見られます。ほぼ24時間、会社のために寝食を忘れて働いています。今では考えられない労働条件ですが、これも地縁でつながり、それが強かったがために、苦労も何のその、必死に働きとおすことができました。私を含め現在のウチナーンチュはこの闘魂精神を改めて学び直す必要があります。

「自ら反《かえり》みて縮《なお》くんば、千万人と雖《いえど》も、吾往《われゆ》かん」は中国孟子の言葉ですが、宗精もよく引用しています。「自分の心を振り返ってみたときに自分が正しければ、たとえ相手が千万人であっても私は敢然《かんぜん》と進んでこれに当ろう」という意味です。彼は相手が誰であろうと筋の通らないことは一歩も譲らず、こうと決めたらとことんやりぬく性分でした。その性分がなければ、彼は軍政府によって、「宮古群島民政府知事」を任期途中でクビにされていたでしょう。この経験は彼の人生行程の中でもっとも厳しいものの一つであったと彼は後日追想しています。

また宗精の警察官としての経験はいろいろなところで生きています。ビール醸造にあたって、そのときの日本の権威者に近づき、もっともすぐれた技術者を確保します。確保するにあたって宗精の決断の速さとおおぶるまいが功を奏します。

彼は自分の会社をどうするかはもちろんですが、上記のように同時に、沖縄そして沖縄の若い人たちの未来もたえず念頭に置いていました。彼は「具志堅味噌醤油合名会社」を設立し産業界に入ったときから地域とともに栄えていくことを心がけています。それが彼の会社の社是「共存共栄」すなわち「自己を愛し、会社を愛し、社会を愛し、そして住民とともに栄えましょう」となります。

また「上見れば限りなし、下見て暮らせ百合の花」。宗精は「贅沢は敵だ」と日頃から質素な生活を送り、家族や部下にもこれを諭《さと》しました。「起きて半畳、寝て一畳、天下取っても二合半」ということでしょうか。彼は、「いつも上だけを見るのではなく、周りにいる弱者のことを考えて生きる」という哲学を大切にしていました。「立てば芍薬《しゃくやく》、座れば牡丹《ぼたん》、歩く姿は百合《ゆり》の花」の「百合の花」は確かに下を向いて咲いています。彼はこの百合の花に自分の信条を託していました。

「救貧」から「防貧」へ

おそらく過去にも現代でも、沖縄に人格の高い教育者はいた、あるいはいるでしょう。でも「人格が高い」ということが教育者に与えられる万能薬ではありません。とりわけこのグローバル社会において、子供たちはいろいろな人から多様な意見を聞き体験し、学習して、そして経験に昇華させていくことが必要なのです。教育者は、子供たちが「広大で無限な海の存在」を知り、それを体験できるようにこれを仲介し調整することが大切ではないでしょうか。

宗精をはじめ多くのウチナーンチュは、戦時中に県民保護に命を賭して凡走した島田叡《あきら》知事や沖縄の産業一般の振興に尽力したオグレスビー氏などの恩を決して忘れることなく、さらに次世代に引き継いでいます。この事実を明確にしておきたいがために話が少し長くなりました。宗精が彼の会社の社是においてももっとも大切にしたのは「報恩感謝」、すなわち企業の「利益の四分主義」（従業員、株主、資本蓄積、社会福祉への還元）を強く唱えたことを私はここで改めて強調します。彼の信条に基づいてオリオンビールでは、定款《ていかん》に「利益の一部は有益なる社会事業にこれを使うことができる」と明記し、「正しく儲けて正しく使え」を実践しています。彼が示した、そして実践した具体的な事例（護国神社の復興、弁財天堂の復元ほか）はときには文学者・歴史家が表現する芸術よりも説得力があります。

生きるための切羽《せっぱ》詰まった、背に腹は代えられぬ状況では（これに対応するような事情が沖縄には比較的多かったと思います）、他のことや他人のことなどを顧《かえり》みるゆとりがない場合が多々ありました。だけれども、これが必ずしも「恩を忘れる」ということにつながるとは私は思いません。

また宗精はいいます。「福祉は救貧より防貧である」と。一人ひとりの所得を増やし「防貧」につなげようとする彼のアプローチは現代の社会保障制度に通じるものです。貧しさを事前に防ぐことが社会を豊かにし、不幸をなくす。つまり「救貧」から「防貧」です。彼の慧眼《けいがん》にはまた感服します。

この考え方は何も社会保障分野に限ったものではなく、私が専門とする社会医学の分野でも重要な考え方、「予防は治療に勝る」というものです。社会保障分野では、人々が貧困に陥らないように予防的措置を早めに施すことです。病気の（あるいは貧困の）人を治療（救貧）するだけではなく（専門用語ではハイリスク・アプローチ）、地域の住民全体を健康になるように予防対策を取り入れて（防貧）して（ポピュレーション・アプローチ）、病気になる人を事前に予防することです。介護予防においても同じことがいえます。社会全体を豊かにして不幸を未然に減らすということは何も予防医学に限定するものではなく、社会保障制度および貧困対策の鉄則でもあります。宗精は先見の目をもって、この考えを郷土の産業振興に結びつけています。

「ギブ・ミー」精神からの脱却

「人はみな対等であり、平等である」というのが彼の口ぐせでした。「どんな偉人であっても誰もが普通の人間、臆《おく》することなく行動する」ということを、彼はいつも自らの行動を通して、部下や子供たちにも教えていました。よって彼は「彼も人の子、吾も人の子」を彼自身の語録のように機会あるごとに触れていたし、自分でも実践していました。

その信条がさらに「自ら反《かえり》みて縮《なお》くんば、千万人と雖《いえど》も、吾往《われゆ》かん」「断じて行えば、鬼神もこれをさく」などの信念に結集し、さらに「なにくそやるぞ」の精神に支えられて、宮古民政府知事として実業家として「沖縄の帝王」である民政官や高等弁務官らとも、そして世界を代表する東京大学の科学者にも彼をして対等に渉り合えさせたのだと思います。

何度もいうように、彼は沖縄の「地場産業」を復興させるとともに、郷土の若い人たちに「勇気と希望」を与えたいという一途な思いをもって、さまざまな試練を潔く乗り越えていきました。

また宗精は企業からの利益を社会福祉への還元に力を注ぎました。特にウチナーンチュは「ギブ・ミー」民族と呼ばれ、闘魂精神が弱いと嘆いていた彼の思いをオリオンビール㈱の発展につぎ込みました。しかし、ウチナーンチュは「ギブ・ミー」精神を本当に克服しているのでしょうか。名護高校の級友石川清司が『要塞の島』でいいのか　考えたい『ギブ・ミー』精神」（沖縄タイムス２０１８年2月12日付）で書いているように、「公共投資は景気を刺激する」という政治屋のドグマ（教義）に私たちは踊らされ、落とされた税金できれいな海岸が埋め立てられ、新しい基地が海に伸びて、美しい島が「要塞《ようさい》の島」に変貌していくのはいまだに染みついた「ギブ・ミー」の精神を洗い流しきれていないからではないだろうかと。

宗精は、郷土の将来を見据えて沖縄の自立経済に対し数多くの提言を発するとともに、自分で12の会社も興しています。その根底には、格段に沖縄の若者にこの「ギブ・ミー」精神を克服し、自立してほしいという強い期待でした。私たちは今でもこの期待に応えているとはいい難い。

では何が足りないのでしょうか。１００年先を見越して何をすべきなのでしょうか。「彼は人なり、我らも人なり、我何ぞ彼を畏《おそ》れんや」といえても、それなりの自信と品格、人間力が備わっていなければ、なかなか「畏れんや」「我ゆかん」とはいきません。そのためには遠回りのようですが、組織的にかつ持続的に若者の教育に投資し、地域の人間力を底上げすることが必要です。公共投資や補助金による助成事業は「すぐに役立つもの」「目に見える建物などのハードなもの」にいきがちですが、郷土の持続的な発展を進めるためには教育などのソフトなものにも継続的に投資することが求められます。地力をつけておけば、いつかは必ずなくなるであろう補助金に頼らずに自律して自立することができます。

私たちは具志堅宗精が南国の東雲《しののめ》の空を仰ぎつつ60年前に夢見た自律・自立に、また「ギブ・ミー」精神の脱却に成功しているという状況からははなはだ遠い現状にあります。その原点に戻ってそして大局的に、私たちは沖縄の将来ために何をすべきなかを今一度真剣に議論する必要があると私は思います。

エピローグ

自立こそ——具志堅宗精からのメッセージ

湿度の高い雨の戦場で米軍に追いつめられた具志堅宗精《ぐしけんそうせい》は拳銃を口にくわえていました。口の中で「カチッ」と音はするものの、弾は出ませんでした。そのお陰で、彼は命拾いし、困難な戦後をタフに生き延びることになりました。でも一度死んだ者にはこの世に怖いものはありません。

宗精は1896年に生まれ1979年に逝去するまでの83年間のほぼ全生涯を沖縄およびウチナーンチュのために捧げました。特に太平洋戦争後の灰《かい》じんと化した沖縄の復興のために、そして郷土の若者に野心と勇気を与えるために、ものすごい勢いで走り続けたのでした。ときには病身を削ってまで!

宗精はときには鬼神もおののく頑固《がんこ》おやじであり、ときには子供のようにたわいない、あどけない表情を見せ、碁とプロレス、ランの花をこよなく愛した男でした。亡くなってからほぼ40年の年月が過ぎましたが、彼が遺した遺産は今も燦々《さんさん》と輝いて、私たちを励ましています。逆に時代が時代であるが故に、それはいっそう輝きを増してきているようにさえ私には思えます。

「戦後」73年が経って、沖縄の復興には目を見張るものがあります。これは「戦後」が73年も続いてきたことと無縁ではないでしょう。私を含め多くの人たちは戦争を経験していない世代ですが、この「戦後」が「戦前」に切り替わることがないことを強く願うばかりです。しかし、沖縄を取り巻く今の地政学的状況は1920~30年代に逆戻りしているといっても過言ではありません。北朝鮮や尖閣諸島の問題、ロシアからの脅威、国際的なナショナリズムの台頭などはわが

国の、特に沖縄の行先に暗雲を垂らしています。一触即発の現状は太平洋戦争前の状況に非常に酷似しています。

このような状況だからこそ、目の前で安売りされる「餅」にすがりつくのではなく、多少高価でも苦くても自分たちで苦労して作り、持続可能な発展につなげることが大切であると宗精は教えています。また彼は、沖縄の美しい自然を伝統的な文化などを次世代に遺すためには長期的な視点に立って、自分たちが自立することを強調しています。

宗精は、軍基地からの収入や補助金に頼る繁栄は砂上の楼閣《ろうかく》で、長く維持できないものであるばかりか「自立」を損なうものであるとまで断言しています。即席な社会創りよりも、少しは遠回りかもしれませんが、持続可能性に配慮した長期的な視点に立って島づくりを実践することを彼は私たちに教えています。私たちがそれに真摯《しんし》に受け止めて将来を展望するならば、必ず自立した未来を構築できると私は確信しています。

足元に宝が――持続可能な未来を創造するために

私は今回、この公僕精神旺盛なユニークな先輩を知りえたことをとても嬉《うれ》しく思います。多感な高校時代の3年間を過ごした名護の街にこのように素晴らしい先輩がいたことをそのときに知っていたら、私の人生もまた違ったものになっていたかもしれない。

私たちの足元にも多くの宝が眠っています。宗精の存在もその一つではないでしょうか。学校

では、受験勉強のための世界史や日本史だけではなく、地方史・民衆史も学べる環境をぜひ作らなければならないと私は思います。それを知ることで自信を得、希望を蓄えて未来に挑戦する若者が増えてきます。それはまた地域の文化の発展ならびに創造に還元されるでしょう。

名護の街には色とりどりの南国の花が一年中咲いています。私が自転車を走らせていると道路にピンク色と白色の花びらの花房が放射線状に広がっていました。上を仰ぐと、淡紅色のトックリキワタが青空にきりっと映えていました。真冬の12月です。自転車を漕ぐ足にさらに力が入りました。さらに1月から3月にかけての早春のころには、黄色の花をつけたイペーが名護の街路を彩ります。そして3月から5月に開花する紅いボリビアディゴ、5~9月ごろに咲くピンクテコマ、オオバナサルスベリ、ゴールデンシャワー。これらの花が四季を通して名護の街を明るく飾っています。

私の高校時代には見られなかったことです。当然です。これらの樹木は、具志堅宗精の「県民の財産として後世に残せる事業」との理念をオリオンビール㈱30周年記念事業の「花の国際交流」の一環として、中南米やアジアの国々から持ってきたものです。そのお返しに、名護の緋寒桜《ひかんざくら》の種子がこれらの国々に届けられています。

このように小さい事業ですが街をより健康的に染めてくれます。私たちがそれぞれ花の香りに、色に感謝するように、その背景にあるものにも心を通わせ、次世代に伝える義務があります。「闘魂一代　なにくそやるぞ」の精神で戦後の混乱期を怒濤のごとく疾走してきた具志堅宗精の考え

方や生き方などを学ぶこともその一つです。そして、郷土の持続的な発展に貢献しなければなりません。さらに私たちは平和のときにこそ戦争を止められないことを再認識しなければなりません。戦争を体験してからではもう遅いのです。

私は拙著がその入門書の一つとなればと期待しています。

逆境を糧に——郷土の若者に

幼いころの逆境が具志堅宗精の人間形成に大きな影響をおよぼしたということが多くのところで伺《うかが》えます。とはいえ、宗精に半世紀遅れで生れた著者の孤島の環境は彼のものに勝るとも劣らないものでした。それだけに私は宗精にとりわけ共感を覚えます。

そして厳しい戦場をさ迷って、拳銃未遂を経験している宗精は上で見たように、さらに知事としてまた企業家として確固たる人生観を確立していきました。ことさら学齢があるわけでもなく親の七光りでもなく、「なにくそやるぞ」の持った生まれた負けん気と激しい気性ならびに「日ごろ」の鍛錬《たんれん》によって、彼は道のないところに新しい道を通していきました。

「天の時、地の利、人の和」という言葉があるように、宗精は与えられたチャンスを生かし、人との輪（和）を大切にしました。「正義感に燃える言行が人を動かし、納得させ、そしてそういった厳しさの反面、部下をして心服せしめる暖かい思いやり」、つまり人の輪を重んじました。これは上記した沖縄財界四天王に相通じるものでもあります。「地縁」「血縁」に頼りすぎること

は危険なことでもありますが、彼らはこれをうまく活用し「人の輪」に感謝しながら生きていました。

若者は挑戦する心を失ってはなりません。具志堅宗精はそう述べています。私も、若者はことさら挑戦する特権を持っていると思います。「若きの過ちを通過していない人間」は将来あまり使いものになりません。若者は自分の心の叫びに真剣に向き合い、それにチャレンジすべきです、具志堅宗精のように！

また「失敗と不運をはね返してこそ、成長がある」、つまり逆境を糧《かて》にしてこそ成功があると彼は教えているようにも思います。「成功」と「失敗」は紙一重ですが、成功は失敗の反意語ではありません。失敗とは「何もしないこと」です。私たち一人ひとりは微力だが、無力ではないはずです。「失敗した人とは、成功しなかった人ではない。あきらめた人のことだ」と彼が大きな声で私たちに叫んでいるように聞こえます。

私は世の中から少し独立し、他人の中に埋没しない意思を持った個として生きることを宗精から教えられたような気がします。「サンキュー、サンキュー」「ニヘーデビタン」。

今回、本書を執筆するにあたって多くの方にお世話になりました。特にオリオンビール創設期に活躍された比嘉良雄氏、外間政吉氏、浮島明進氏、および森川豊氏、オリオンビール㈱本社の高江洲守氏、お名前は出しませんが宮古島の方がたに感謝申し上げます。また拙著が世に出るようにいろいろとご指導いただきました沖縄タイムス社の友利仁氏、光文堂コミュニケーションズ

㈱の宮城博幸氏にもお礼を申し上げます。引き続きご指導ご鞭撻《べんたつ》を願いして拙著を終えることにします。本当にありがとうございました。

参考図書

具志堅宗精『なにくそやるぞ—具志堅宗精自伝』琉鵬会、1965年。

具志堅宗精『続　なにくそやるぞ—具志堅宗精自伝』琉鵬会、1969年。

具志堅宗精『続続　なにくそやるぞ—具志堅宗精自伝』琉鵬会、1977年。

オリオンビール株式会社『10年のあゆみ』1967年。

オリオンビール株式会社『50年のあゆみ』2008年。

オリオンビール株式会社『60年のあゆみ』2018年。

玉城英彦『恋島への手紙　古宇利島への想い出を辿って』新星出版、2007年。

玉城英彦『社会が病気をつくる　「持続可能な未来」のために』角川文芸出版、2010年。

玉城英彦『ともに生きるエイズ：当事者と社会が克服するために』彩流社、2012年。

玉城英彦『手洗いの疫学とゼンメルワイスの闘い』人間と歴史社、2017年。

玉城英彦『新渡戸稲造　日本初の国際連盟職員』彩流社、2017年。

玉城英彦・藤谷和廣・山下渚・紺野圭太編『刑務所には時計がない—大学生が見た日本の刑務所』人間と歴史社、2018年。

新崎盛暉『新崎盛暉が説く構造的沖縄差別』高文研、2012年。

稲福盛輝『沖縄疾病史』第一書房、1995年。

伊波勝雄『世替りにみる沖縄の歴史』むぎ社、2003年。

伊波普猷『沖縄歴史物語　日本の縮図』平凡社、１９９８年。

大城堅精『熱き心―大衆の中に生きて―』エール会（自費出版）、１９９８年。

沖縄タイムス社編『私の戦後史』第２集　沖縄タイムス社、１９８０年。

オグレスビー氏産業開発基金事務局編『沖縄産業の恩人：故サムエル・C・オグレスビー氏を讃えて The American Benefactor to Okinawan Industry: In Praise of the Late Samuel C. Oglesby』、小雨堂、１９８６年。

島田叡氏事跡顕彰期成会『第27代沖縄県知事　島田叡氏顕彰事業記念誌　戦後70年　島田知事を語り継ぐ』（非売品）、２０１５年。

TBSテレビ報道局『生きろ』取材班『10万人を超す命を救った沖縄県知事・島田叡』ポプラ社、２０１４年。

戸部良一・寺本義也・鎌田伸一・杉之尾孝生・村井友・野中郁次郎『失敗の本質　日本軍の組織論的研究』中公文庫、１９９１年。

堀松武一編『日本教育史』国土社、１９８５年。

宮田矢八郎『収益結晶化理論―TKC経営指標における「優良企業」の研究』ダイヤモンド社、２００３年。

『伝説のオリオンハット―具志堅宗精生誕百年記念誌』具志堅宗精生誕百年記念誌刊行委員会、１９９７年。

『闘魂一代　なにくそやるぞ　具志堅宗精伝』オリオンビール株式会社　創業者　具志堅

宗精翁を偲ぶ会　実行委員会、２０１２年。
Nicholas Evans Sarantakes,『Keystone: The American Occupation of Okinawa and U.S.-Japanese Relations』Texas A&M University Press, ２０００年。

玉城 英彦（たましろ　ひでひこ）

1948年、沖縄県今帰仁村古宇利島生まれ。現在北海道大学名誉教授・客員教授、名桜大学共同研究員、台北医学大学客員教授、デラサル大学国際客員教授。北里大学・テキサス大学・旧国立公衆衛生院（現在国立保健医療科学院）卒。国立水俣病研究センター・世界保健機関（ＷＨＯ）本部（在スイス・ジュネーブ）勤務後、北海道大学大学院医学研究科教授、米国ポートランド州立大学国際客員教授などを歴任、現在に至る。専門は疫学・グローバルヘルス。

主著『恋島への手紙－古宇利島の想い出を辿って』（新星出版、2007年）、『世界へ翔ぶ－国連職員をめざすあなたへ』（彩流社、2009年）、『社会が病気をつくる－持続可能な未来」のために』（角川学芸出版、2010年）、『ともに生きるためのエイズ－当事者と社会が克服していくために』（彩流社、2012年）、『手洗いの疫学とゼンメルワイスの闘い』（人間と歴史社、2017年）、『新渡戸稲造　日本初の国際連盟職員』（彩流社、2017年）。

訳本『疫学的原因論』（三一書房、1982年）、『疫学・臨床医学のための患者対照研究－研究計画の立案・実施・解析』（ソフトサイエンス社、1985年）など。

編 集『Health and Environment in Sustainable Development – Five years after the Earth Summit』H. Tamashiro et al.（ＷＨＯ，1997）、『グローバルリーダーを育てる北海道大学の挑戦』（彩流社 2017年）、玉城英彦・帰山雅秀・弥和順、『グローバルリーダーを育てる北海道大学の挑戦Ⅱ』（彩流社 2018年）玉城英彦・帰山雅秀・弥和順、『刑務所には時計がない－大学生が見た日本の刑務所』（人間と歴史社、2018年）、玉城英彦・藤谷和廣・山下渚・紺野圭太、他編集多数。

南の島の東雲に

オリオンビール創業者　具志堅宗精

2019年3月28日　1版1刷

著　者　玉城　英彦

発行者　武富和彦

発行所　沖縄タイムス社

〒900-8678　沖縄県那覇市久茂地2-2-2

電　話　(098) 860-3591 (出版部)

印刷所　光文堂コミュニケーションズ㈱

ISBN978-4-87127-260-5　　Printed in Japan